国家出版基金项目
NATIONAL PUBLICATION FOUNDATION

U0960266

全面建设社会主义现代化国家研究丛书（第1辑）

丛书主编　颜晓峰

# 社会主义现代化视域下的共同富裕研究

杨文圣 等　著

天津大学出版社
TIANJIN UNIVERSITY PRESS

图书在版编目(CIP)数据

社会主义现代化视域下的共同富裕研究 / 杨文圣等著. -- 天津 : 天津大学出版社, 2022.10
（全面建设社会主义现代化国家研究丛书 / 颜晓峰主编 ; 1）
ISBN 978-7-5618-7334-2

Ⅰ. ①社… Ⅱ. ①杨… Ⅲ. ①共同富裕－研究－中国
Ⅳ. ①F124.7

中国版本图书馆CIP数据核字(2022)第187527号

SHEHUIZHUYI XIANDAIHUA SHIYU XIA DE GONGTONG FUYU YANJIU

| | |
|---|---|
| 出版发行 | 天津大学出版社 |
| 地　　址 | 天津市卫津路92号天津大学内（邮编：300072） |
| 电　　话 | 发行部：022-27403647 |
| 网　　址 | www.tjupress.com.cn |
| 印　　刷 | 北京盛通印刷股份有限公司 |
| 经　　销 | 全国各地新华书店 |
| 开　　本 | 710mm×1010mm　1/16 |
| 印　　张 | 12 |
| 字　　数 | 225千 |
| 版　　次 | 2022年10月第1版 |
| 印　　次 | 2022年10月第1次 |
| 定　　价 | 30.00元 |

# 总　序

2020 年是全面建成小康社会的决战决胜之年，也是从全面建成小康社会向全面建设社会主义现代化国家迈进的历史转折之年。“继续在人类的伟大时间历史中创造中华民族的伟大历史时间”，这是习近平总书记在 2020 年春节团拜会上为当代中国共产党人标定的时代坐标、确定的时代使命。全面建设社会主义现代化国家，就是中华民族在这一“伟大历史时间”进行的伟大历史实践。2020 年初突如其来的新型冠状病毒肺炎疫情（以下简称新冠肺炎疫情）给中国和世界其他国家的发展带来前所未有的冲击，但中华民族从来都是在磨难中成长、从磨难中奋起的，人类社会从来都是在危机中嬗变、从危机中转型的，现代化的潮流势不可挡、青山难遮。由天津大学社会主义现代化研究中心组织撰写、天津大学马克思主义学院院长颜晓峰担任丛书主编、天津大学出版社出版的“全面建设社会主义现代化国家研究丛书”（第 1 辑）正是配合开启全面建设社会主义现代化国家新征程，探索新课题、服务新实践，为全面建设社会主义现代化国家提供理论支持的研究成果。

现代化是资本主义产生以后，在科技革命、产业革命、社会革命、思想革命的推动下，一些国家出现的从社会生产到社会生活、从社会结构到社会机制、从社会精神到社会文化的整体性转型，是世界近代以来持续推进、逐步拓展、不断深化的“历史向世界历史转变”的进程，同时又是在矛盾积累、危机孕育、时局动荡中调整变革的进程。马克思、恩格斯深刻揭示了资本驱动的现代化内在的尖锐矛盾，批判了现代化进程中对生产力的破坏和对工人的奴役，同时也肯定了资本主义生产第一次创造出为实现社会全面进步、人的全面发展所必需的财富和生产力。在马克思、恩格斯看来，社会主义是在继承资本主义文明成果的基础上对资本主义的否定和改造，是在各个领域创造出高于和优于资本主义现代化的新型现代化。马克思在《哥达纲领批判》中阐述的共产主义社会高级阶段，包含消灭旧式分工，消灭脑力劳动和体力劳动对立，劳动成为生活的第一需要，个人的全面发展，集体财富的源泉充分涌流等，这些都是社会主义现代化的本质内涵。十月革命后，苏联等社会主义国家在各自的社会主义建设过程中，探索了社会主义的高级阶段或发达阶段（即现代化阶段）的目标、标准和途径，开始了社会主义现代化实践和思想的双重进程，但因种种历史原因，有的遭遇挫折，有的半途而废。

建设社会主义现代化国家，是中华人民共和国成立后我们党的不懈追求。中华人民共和国成立后，我们党把科学社会主义理论同中国现代化实际相结合，多次提出社会主义现代化的建设目标、主要内容和实现步骤，开始了建设社会主义现代化的艰辛探索。改革开放以来，几代中国共产党人开拓创新、接力攀登，持续探索“建设什么样的社会主义现代化国家，怎样建设社会主义现代化国家”的问题，把科学社会主义理论同建设社会主义现代化实际相结合，开创了中国特色社会主义现代化道路。中国特色社会主义现代化道路，从世界历史的坐标看，是在世界现代化几百年的历程中，在主要资本主义国家现代化进程已经完成的基础上开辟的一条新型现代化道路。从当代世界的坐标看，是在广大发展中国家追求现代化的艰难起飞中，从中国国情出发开辟的一条新路，从而给世界上那些既希望加快发展又希望保持自身独立性的国家和民族提供了全新选择，贡献了中国智慧和中国方案。中国的现代化道路不仅是自己的道路，而且具有世界意义；不仅具有中国特色，而且反映世界趋势。更为重要的是，我们要建成的是社会主义现代化国家，是有着独特本质、内涵、优势、特色的社会主义现代化国家。再经过 30 年左右的奋斗，我国全面建成富强民主文明和谐美丽的社会主义现代化强国，其世界历史意义不亚于十月革命，是中国共产党对科学社会主义的最重要贡献。

党的十九大开启了全面建设社会主义现代化国家的新征程，这是马克思主义指引中国共产党近百年历程新的伟大革命，是科学社会主义在中国新的伟大创举，是马克思主义基本原理同新时代具体实际相结合新的伟大实践。面对新的使命任务，必须进行从历史到未来、从理论到实践、从全局到局部、从战略到方法的系统深入研究。习近平新时代中国特色社会主义思想，从理论和实践的结合上系统回答了“新时代坚持和发展什么样的中国特色社会主义、怎样坚持和发展中国特色社会主义”这一重大时代课题。“全面建设什么样的社会主义现代化国家、怎样全面建设社会主义现代化国家”，则是对这一重大时代课题的深入和展开。深入研究这一课题，需要从以下三个方面整体推进。

一是社会主义现代化的历史研究。社会主义现代化是世界现代化进程的客观要求，特别是社会主义历史进程的必然趋势。历史研究是社会主义现代化研究的基础，包括实践史和思想史。党的十九大开启了全面建设社会主义现代化国家新征程，必将把社会主义现代化的实践和思想提到一个前所未有的历史高度。随着习近平新时代中国特色社会主义思想不断发展，社会主义现代化思想在其理论体系中必然具有更加突出的地位。

二是社会主义现代化的领域研究。现代化是全面的现代化。全面建设社会主义现代化国家，本身就要求现代化的总体性，不能单打独斗。同时，社会主义现代化是由各个领域的现代化构成的，需要将总体研究与局部研究相结合，从各个领域的现代化研究入手，深化对全面建设社会主义现代化规律的探讨。我们党在追求现代化的进程中，曾提出“四个现代化”的构想。随着党对建设中国特色社会主义总体布局认识的拓展，“四个现代化”显然已不足以涵盖现代化的基本领域。因此，要深入研究社会主义经济、科技、政治、国家治理、文化、社会、教育、生态、国防、党建、人的全面发展乃至公共卫生治理等领域的现代化建设。

三是社会主义现代化的问题研究。社会主义现代化研究离不开大量的实证研究，运用数据分析，构建科学模型，提供决策支持。同时，理论是研究的纲和魂，实证研究离不开理论研究。要以社会主义现代化为对象，对其中的重大问题作出理论说明和论证，从而逐步加深对社会主义现代化建设规律的认识。理论研究越严谨扎实、深刻彻底，对社会主义现代化建设规律的认识就越全面准确，全面建设社会主义现代化国家的进程就越顺利，目标就越有把握实现。全面建设社会主义现代化国家的新征程，是中华民族伟大复兴的壮丽篇章，是马克思、恩格斯设想的人类社会美好前景在中国大地的生动展现，是马克思主义在新的伟大实践中大发展的极好契机。

天津大学与中国现代化的历史紧密相连。天津大学建校于1895年，前身为北洋大学堂，是中国近代高等教育史上建校最早的高等学府。第二次鸦片战争后，学校所在地天津被开辟为通商口岸，近代工业、贸易、金融、交通、教育发展起来，天津成为中国开始现代化的先行地、近代城市的领先者。这为学校吸收世界现代化的文明成果提供了丰厚土壤，同时学校也是天津乃至中国近代教育、科技、思想、文化发展的贡献者。北洋大学堂开办之初即设立工程、矿务、机器和律例四门学科，以兴学强国为使命，以培养现代人才为目标。学校创建早期培养出的人才中，王宠佑成为中国现代炼锑技术的开创者，马寅初成为著名经济学家、教育家、人口学家，刘瑞恒成为中国近代公共卫生事业的创建者，秦汾成为中国著名数学家，齐璧亭成为中国近代知名的教育家、女子师范教育奠基人，等等。中国共产党早期的重要领导人之一、中国共产主义青年团的创始人之一张太雷，1915年考入北洋大学法科。中华人民共和国成立后，1959年党中央公布了第一批16所全国重点大学，天津大学名列其中。改革开放后，1995年学校成为“211工程”首批重点建设大学，2000年学校被确定为国家“985工程”重点建设的高水平研究型大学。进入新时代，2017年学校成为首批“双一流”建设高校。学校围绕建设“综合性、研究型、开放式、国际化”的世界一流大学总体目标，秉持“中国特色、世界一流、天大品格”的核心理念，传承“兴学强国、实事求是、严谨治学、爱国奉献、矢志创新”的天大品格，努力培养一流人才、建设一流队伍、打造一流学科、贡献一流学术、营造一流环境，推进“强工、厚理、振文、兴医”学科布局，聚焦国家重大战略需要，聚焦世界科技发展前沿，面向国民经济主战场，培养全面发展的高素质创新人才，为全面建设社会主义现代化国家作出天大的贡献。这些贡献就包括依托学校的历史传统、学科优势、人才资源，充分利用天津大学社会主义现代化研究中心这个平台和基地，创作出更有质量水准、更符合全面建设社会主义现代化国家理论需要的多学科成果。

“全面建设社会主义现代化国家研究丛书”（以下简称“丛书”），自党的十九大后开始策划、组织撰写，经各位作者和编辑的共同努力，第 1 辑现出版发行。“丛书”（第 1 辑）的选题主要围绕全面建设社会主义现代化国家的系统布局，对全面建设社会主义现代化国家的主要领域进行全面深入、通俗易懂的描述，为高校师生、党员干部、理论工作者及广大读者提供系列理论读物。“丛书”是开放式、渐进式的，将跟踪全面建设社会主义现代化国家新征程的进展，依据主创者、出版方、作者对这一新的伟大社会实践的新认识，拓展范围、深化研究，丰富题材、提高品位，继续推出新的选题，出版新的著作，与实现第二个百年奋斗目标的发展阶段同行，与全面建设社会主义现代化国家实践中的重大问题共生，与国内外相关研究的前沿成果互鉴。我们诚邀校内外的专家学者一起参与这套丛书的撰写，一起推进社会主义现代化的研究，不负时代、不负使命。

李家俊　天津大学党委书记<br>金东寒　天津大学校长<br>2020 年 6 月

# 目　录

# 第一章 导言

共同富裕是社会主义的本质要求，是社会主义现代化的重要特征，是人民群众的共同期盼，是新发展阶段的“中心课题”。党的十九届六中全会通过的《中共中央关于党的百年奋斗重大成就和历史经验的决议》中五次提到共同富裕，并且将“全体人民共同富裕基本实现”列为新时代的战略目标。2021 年 12 月召开的中央经济工作会议也特别提出“要正确认识和把握实现共同富裕的战略目标和实践途径”。习近平总书记在《关于〈中共中央关于制定国民经济和社会发展第十四个五年规划和二〇三五年远景目标的建议〉的说明》中，大篇幅阐述如何促进“全体人民共同富裕”。他指出，“当前，我国发展不平衡不充分问题仍然突出，城乡区域发展和收入分配差距较大，促进全体人民共同富裕是一项长期任务”，“建议稿在到 2035 年基本实现社会主义现代化远景目标中提出‘全体人民共同富裕取得更为明显的实质性进展’，在改善人民生活品质部分突出强调了‘扎实推动共同富裕’，提出了一些重要要求和重大举措。这样表述，在党的全会文件中还是第一次”。可见，新发展阶段实现全体人民共同富裕是一项重大、长期、紧迫的历史任务。

## 第一节 国内外关于社会主义现代化与共同富裕问题的研究综述

### 一、国内关于社会主义现代化与共同富裕问题的研究综述

#### （一）关于社会主义现代化的研究

关于社会主义现代化的研究，国内学者较多关注的是中国现代化发展的问题以及中西现代化比较问题。中国的社会主义现代化建设可以分为计划经济时期和社会主义市场经济时期。周恩来在 1954 年就明确提出要把中国建设成为“一个强大的社会主义的现代化的工业国家”。受制于当时

的特殊政治气候，国内学术界对现代化的研究较少。十一届三中全会（1978）重新确立了社会主义现代化建设目标，现代化研究才逐步纳入国内学术研究范畴。

于光远（1981）针对现代化这个概念提出了六点意见：现代化是一个考虑到世界的状况才形成的一个世界性概念；现代化是一个考虑到先进事物的普及和平衡发展才形成的一个普遍性概念；“现代”和“化”都是一个变化着的、发展着的概念；现代化还是一个具体的概念；我们要实现的是社会主义的现代化，是符合我国国情的现代化；要把我国建设成为社会主义现代化强国，就要发展国民经济，要争取时间。钱乘旦（1987）依据世界各国经验为现代化定下了九条标准：经济方面的工业化、政治方面的民主化、社会生活形态上的城市化、人们精神活动方面的世俗化、社会文明开化方面的知识化、个人行为方面的普遍的成就取向、社会组织结构方面的功能专门化、社会成员的关系方面的自由流动性、社会等级层次方面的人身自由与机会均等。罗荣渠在《现代化新论——世界与中国的现代化进程》（1993）中立足宏观史学视野，认为现代化是全球大转变的重要主题和内在逻辑，整体阐述了世界现代化发展的总趋势和近世中国的社会巨变，并对中国的现代化道路作了专题考察。何传启（2003）认为，现代化这个概念可以从性质维度和时间维度两个方面加以阐释，他指出经典现代化是指从农业社会向工业社会的转变过程及其深刻变化，第二次现代化是指从工业社会向知识社会的转变过程和变化。洪银兴（2014）从经济学视野出发，阐述了社会主义发展中大国赶超先行发达国家实现现代化的理论，指出我国社会主义现代化首先是经济和科技的现代化，并进一步阐述我国现代化建设的目标、进程以及发展战略。

进入新时代以来，国内关于社会主义现代化研究的著述颇丰。比较有代表性的观点有：颜晓峰（2019）在《社会主义现代化的文化之维》一书中阐述了文化在全面建设社会主义现代化国家中的地位、作用以及文化与现代化、中国特色社会主义文化建设与全面建设社会主义现代化国家之间的重要关联；王韶兴（2019）认为，现代化催生政党政治，政党政治主导现代化，政党政治与现代化的共生与互动是近代以来人类文明演进的大逻辑；刘尚希（2020）认为，理解全面建设社会主义现代化国家要从物质的现代化、治理的现代化、人的现代化等三个维度来进行科学阐释；何传启

（2020）及其团队在《中国现代化报告2020》中提出现代化的度量衡概念，旨在明确现代化的指标、评价、标准体系，推动现代化研究走向定量化和规范化；黄泰岩（2021）认为，中国要实现的社会主义现代化，既要符合世界通行的现代化的一般标准，体现现代化的一般性质，更要具有社会主义的独特属性；杨文圣（2021）认为，中国共产党的百年现代化思想建立在社会发展的基础之上，根植于中国共产党百年以来追求现代化的实践土壤，依托于中国共产党带领中国人民摆脱贫穷、愚昧和落后的百年奋斗历史；孙代尧（2021）认为，中国式现代化道路遵循了现代化发展的一般规律，但不是苏联式现代化、西方式现代化等既有现代化模式的再版或翻版，而是具有新的内容、新的特点和新的创造的现代化；颜晓峰（2021）认为，新时代建设社会主义现代化国家有着新的内涵和要求，会遇到新的环境和风险。全面准确把握这些变化因素，清醒认识新时代推进社会主义现代化建设的基本形势，是形成党在新时代的社会主义现代化思想的客观基础；胡鞍钢（2021）认为，从百年视角分析总结中国式现代化新道路，可以将其分为四个历史时期（新民主主义革命时期、社会主义革命和建设时期、改革开放和社会主义现代化建设时期、中国特色社会主义新时代），其特征包含十个方面，在不同历史时期，社会主义现代化建设具有基本共性和阶段特殊性。国内大多数学者（颜晓峰2021，胡鞍钢2021等）超越了西方经典现代化理论以及避开了从“西方式”视角阐述现代化概念，普遍认为现代化是一个涉及社会整体变迁的过程。他们围绕中国共产党社会主义现代化发展历程，依据历史逻辑、理论逻辑以及时代逻辑科学构建社会主义现代化发展理论。

目前，整体全面地理解现代化的概念及其丰富的内涵与外延已成为中外学者的普遍共识。习近平总书记在党的十九届五中全会第二次全体会议上的重要讲话中强调了中国式现代化的五个重要特征：一是人口规模巨大的现代化，二是全体人民共同富裕的现代化，三是物质文明与精神文明相协调的现代化，四是人与自然和谐共生的现代化，五是走和平发展道路的现代化。《中共中央关于党的百年奋斗重大成就和历史经验的决议》（2021）指出：“党领导人民成功走出中国式现代化道路，创造了人类文明新形态，拓展了发展中国家走向现代化的途径，给世界上那些既希望加快发展又希望保持自身独立性的国家和民族提供了全新选择。”社会主义现代化是习近平新时代中国特色社会主义思想的理论逻辑和实践逻辑，在全面建成小康社会的基础上，全面建设社会主义现代化国家是中国现代化发展进程中的新阶段，我国到 2035 年基本实现社会主义现代化不仅关系到中华民族伟大复兴全局，而且也将为世界其他发展中国家实现现代化提供新的思路。社会主义现代化是一个动态的历史的发展的概念，需要放在社会历史发展的综合进程中来看，它不仅是一个“追逐并赶上”的过程，更是一个“创新并超越”的过程，因此全面建设社会主义现代化国家是新时代中国特色社会主义不断创新、发展的过程。

### （二）关于共同富裕的研究

#### 1. 关于共同富裕的概念的研究

理解共同富裕的概念可以从理解“富裕”和“共同”两个词汇入手，《现代汉语词典》对“富裕”的解释是“（财物）富足充裕”；对“共同”的解释是“属于大家的；彼此都具有的”，有天下为公的政治意蕴。因此，共同富裕的传统解释主要指向物质财富的分配与生产关系问题。当然，共同富裕的基本概念在不同的时代和从角度理解是不一样的，但基本是以实现多层次、多需求、多领域的“人的共同发展”为基本前提的，这一共同发展既有经济学意义上的含义，也涉及政治、文化、社会、生态等诸多领域。

从社会主义本质来讲，1953 年 12 月，《中共中央关于发展农业生产合作社的决议》文件中提及“共同富裕”，但并没有明确其内涵。1984 年 11 月 9 日邓小平在会见意大利共产党领导机构成员时第一次使用了“共同富裕”的概念，从理论上阐明社会主义与共同富裕的关系。之后，1992 年初在南方谈话中，邓小平进一步明确地把共同富裕与社会主义本质联系在一起，并指出:“走社会主义道路，就是要逐步实现共同富裕。”至此，共同富裕是反映社会主义本质的最高价值目标，对共同富裕与社会主义内涵的关系的思考也因此最终成熟。2021 年，习近平总书记发表在《求是》第 20 期的文章《扎实推动共同富裕》中，明确提出，共同富裕是全体人民共同富裕，是人民群众物质生活和精神生活都富裕，不是少数人的富裕，也不是整齐划一的平均主义。

学界对共同富裕理论也有不同认识。苏畅（2018）提出共同富裕思想的定义大致包含三个层次的意思。第一，从根本上说，是消灭私有制、消灭剥削制度的问题。第二，共同富裕不仅涉及做大蛋糕，还涉及分好蛋糕的问题。第三，共同富裕的本质属性只能是社会主义的。共同富裕是人民群众参与社会的劳动生产，在个人思想道德修养的升华的基础上实现全体人民精神与物质上的富足，也就是共同富裕。石翼平（2009）认为，目前西方发达资本主义国家以较高人均收入为基础的橄榄型分布的所谓共同富裕，还是具有明显的历史局限性的。学者艾华（2003）等对共同富裕的内涵进行了阐释，认为共同富裕是“自由人联合体”的应有之义。张硕（2012）认为，资本主义社会的生产资料私有制导致了贫富差距拉大，导致了社会的两极分化与各种道德沦丧现象；共同富裕的实现能激发社会主义社会的生产活力，其本质就是与解放生产力、发展生产力紧密相关的。杨文圣、李旭东（2022）提出，共有、共建、共享是共同富裕的本质内涵，“共有”是从法理维度对共同富裕所有制关系的规定；“共建”是从生产维度对共同富裕物质基础的规定；“共享”是从分配维度对共同富裕价值追求的规定。

学界一般认为，共享发展与共同富裕既相互联系，又相互区别。例如，共同富裕强调结果，而共享发展是过程性与目的性的统一，注重共建共享；二者侧重点不同，共享发展涵盖多方面的动态过程，而共同富裕侧重于经济发展成果的共富；二者所涵盖的时间阶段不尽相同，共同富裕需要在全面建成社会主义现代化国家的基础上来实现，而共享发展则是一个动态的、长期的过程，它存在于社会主义建设的全过程。共同富裕是共享发展的最终目标，而共享发展是共同富裕实现的方式和手段。

2. 关于马克思主义共同富裕思想的研究

马克思主义经典作家的著作中蕴藏着丰富而深刻的共同富裕思想，可以说共同富裕是马克思主义的内在规定和价值指向，是共产主义社会的重要特征。目前，学术界对马克思主义共同富裕思想的主要内容的研究大都以马克思、恩格斯、列宁、斯大林以及中国共产党主要领导人的思想的出场顺序为行文逻辑，大量研究集中于马克思主义经典作家和党的领导人对共同富裕思想的阐述。

以马克思主义经典作家和中国共产党主要领导人的共同富裕思想为研究对象，目前学术界已取得以下基本共识：共同富裕思想内蕴于马克思、恩格斯的主要著作中；列宁和斯大林首次将马克思共同富裕思想付诸实践；毛泽东的共同富裕思想以农民为主要群体；共同富裕理论由邓小平创立，胡锦涛和江泽民对其继承和发展；习近平关于共同富裕的重要论述大大深化和丰富了马克思主义共同富裕思想，并使其具有了世界意义。总之，马克思主义经典作家和中国共产党主要领导人的共同富裕思想一脉相承，随实践不断丰富和发展，形成了马克思主义共同富裕思想体系。相关研究中比较有代表性的观点有：杨文圣（2021）认为马克思共同富裕思想具有四个方面的内在规定，即实现基础是社会生产力的高度发达、制度保障是生产资料公有制、内在主体是全体人民、实现过程具有历史阶段性；彭凌（2008）认为列宁强调全体人民富裕的程度差异性；刘逸（2012）、孙焱杰（2007）等学者将毛泽东的共同富裕思想和邓小平的共同富裕思想作了比较研究。

此外，一些学者的研究对中国传统的儒家“大同世界”理想、欧洲空想社会主义者“乌托邦”思想、孙中山的共同富裕思想也有所涉及。如杨威（2014）对中国“大同思想”与马克思主义共同富裕思想进行了比较研究。王萌萌（2018）认为空想社会主义者的共同富裕思想是马克思共同富裕思想的直接来源。这些研究扩展了马克思主义共同富裕思想的时空广度和历史深度。

3. 关于中国共产党百年共同富裕思想和实践的研究

一部中国共产党的历史，就是一部党领导中国人民促进共同富裕、追求美好生活的历史。中国共产党从成立之日起就致力于为中国人民谋利益，始终将促进人民共同富裕作为不懈奋斗的目标，始终把追求共同富裕贯穿于革命、建设和改革的全过程，带领人民走出了一条具有中国特色的共同富裕之路。目前，学界对中国共产党百年共同富裕思想和实践的研究大致沿着以下四条路径开展：梳理和回顾党带领人民追求共同富裕的百年历程；总结百年来中国共产党促进人民共同富裕的基本经验；提炼和概括中国共产党百年共同富裕思想；阐明中国共产党共同富裕百年实践对于新时代实现国家繁荣富强和人民富裕幸福的价值意义。

第一，中国共产党带领人民追求共同富裕的百年历程历史演进的研究。中国共产党为实现全体人民共同富裕的百年奋斗历程是一个不断推进中国革命、建设、改革和发展的历史过程。党在不同的历史时期面临着不同的社会主要矛盾，肩负着不同的目标任务，使共同富裕呈现出不同的阶段性特征。大多数学者（杨文圣2021、金光旭2021等）将中国共产党建党百年来推动共同富裕发展的历史进程分为新民主主义革命时期、社会主义革命和建设时期、改革开放新时期、新时代这四个阶段。比较有代表性的观点如下。田克勤、张林（2021）认为，在新民主主义革命时期，党深刻认识到实现共同富裕必须推翻“三座大山”，消灭经济剥削和消除政治压迫，团结带领人民建立人民民主政权，为实现共同富裕提供根本政治前提；在社会主义革命和建设时期，党深刻认识到实现共同富裕必须建立符合我国实际的先进社会制度，团结带领人民完成广泛而深刻的社会变革，为实现共同富裕提供基本制度基础；在改革开放新时期，党深刻认识到实现共同富裕必须顺应时代潮流和人民意愿，解放和发展生产力，团结带领人民在社会主义现代化发展战略之下稳步前进，为实现共同富裕奠定深厚物质条件；最后在新时代的新阶段，党深刻认识到实现共同富裕必须努力解决发展不平衡不充分的问题，团结带领人民在全面建成小康社会的伟大实践中消除绝对贫困，为实现共同富裕迈出坚实步伐。当然也有部分学者如刘旭雯（2021）将中国共产党追求共同富裕的百年历史进程划分为了初步探寻、破旧立新、曲折发展、转型探索、深入推进、强化提升等六个发展阶段。

第二，中国共产党带领人民追求共同富裕的基本经验的总结和研究。一百年来，我们党把现代化与民族复兴和人民幸福有机结合起来，同时在促进人民共同富裕方面取得了辉煌成就，积累了宝贵经验。首先，不断深化对共同富裕本质的认识，逄锦聚（2021）认为，在中国共产党带领人民为实现共同富裕而艰苦奋斗的过程中，我们对实现共同富裕的目标的认识更加清晰：共同富裕是以人民为中心，在消除两极分化和贫穷基础上的全体人民的普遍富裕；共同富裕是马克思主义的一个基本目标，也是自古以来我国人民的一个基本理想；共同富裕不仅指经济上的共同富裕，也包括人民对政治民主、文化繁荣、社会公平、道德高尚、生态文明等方面的追求，是人人都全面发展的共同富裕。其次，在中国共产党共同富裕百年实践中形成的比如坚持实事求是、坚持中国共产党的全面领导、坚持以人民为中心的发展思想、坚持解放和发展生产力等这些中国经验，为最终实现全体人民的共同富裕奠定了坚实的基础。

第三，中国共产党百年共同富裕思想的研究。共同富裕是中国人民的共同期盼和不懈追求，更是中国共产党的百年夙愿与追求。在带领中国人民追求共同富裕的百年伟大实践中，中国共产党的共同富裕思想逐步形成。杨文圣（2021）认为整体把握和科学理解这一思想的具体内涵和精神实质，需要兼具广阔深厚的历史视野、深刻多维的理论触角和深耕实践的现实关怀，需要从建党百年的历史维度出发，从纵横交错的历史逻辑、理论逻辑以及实践逻辑三方面梳理总结其发展脉络、内在规律及其时代价值。从历史逻辑来讲，它是中国共产党建党以来面临的解决中国人民迫切需求与中国社会主要矛盾的历史必然；从理论逻辑来讲，它是科学社会主义基本原则和马克思主义中国化理论相融合的理论必要；从实践逻辑来讲，它是应对新时代面临的新的主要矛盾、新挑战以及“两个大局”的实践必需。郭瑞萍（2021）认为，百年来，中国共产党紧紧围绕什么是共同富裕、如何实现共同富裕这一主线，对共同富裕内涵的认识，经历了从同步实现单一的物质性富裕到分阶段实现“五位一体”布局中的全面富裕的转变；对共同富裕实现基础的认识，经历了从建立社会主义经济制度、解放和发展生产力到不断完善中国特色社会主义基本经济制度、实现生产力平衡和充分发展的转变；对共同富裕实现路径的认识，经历了从重视生产力的发展到更加重视共享发展，推动实现实质性共同富裕的转变。中国共产党百年来对共同富裕内涵、基础和路径不断发展和深化的认识，构成了中国共产党现代化观的重要组成部分，形成中国共产党在推动实现民族伟大复兴过程中领导国家现代化发展的基本经验。郝宇青（2021）从共同富裕思想在当代中国的实践演进提出，“站起来”是共同富裕思想的实践起点，一部分人和一部分地区先富起来是共同富裕思想的策略性推进，进入新时代，则根据社会经济条件的变化，开启了共同富裕思想的实践推动。

第四，中国共产党带领人民追求共同富裕百年实践的价值和意义的研究。百年来，中国共产党不怕牺牲、艰苦奋斗、全心全意促进全体人民共同富裕，这践行了马克思主义的基本价值追求，践行了中国共产党的初心和宗旨，践行了中国特色社会主义的本质要求，践行了中国特色社会主义现代化建设的重要目标。从党史党建上看，杨文圣（2021）提出，共同富裕是一代代中国共产党人面对不同的国情、党情、社情一直秉持的核心理念，是中国共产党人的百年夙愿与孜孜不倦的追求。共同富裕在党的旗帜上从未褪去，而是随着时代的发展与进步变得愈加清晰和明朗。从理论价值来看，刘旭雯（2021）认为，中国共产党推进共同富裕的百年实践，不仅丰富了马克思主义共同富裕相关理论，同时也为发展中国家贡献了中国经验。从实践价值来看，张远新（2021）认为，百年来中国共产党践行初心、担当使命，带领中国人民自力更生、奋发图强、解放思想、锐意进取，在促进人民共同富裕方面取得了以下五个辉煌成就：一是改革开放以来近 8 亿贫困人口实现脱贫，我国历史性地解决了绝对贫困问题；二是人民收入水平大幅度提高，我国跻身世界中等偏上收入经济体行列；三是社会保障体系不断健全，发展成果更多更公平惠及全体人民；四是人民文化素质全面提升，覆盖城乡的公共文化体系逐步建立；五是人民精神面貌发生由内而外的深刻变化，人民自信自立自强、团结和谐创新。概言之，探析中国共产党百年来促进人民共同富裕的内在逻辑、成就与经验，有助于我们深刻领悟中国共产党的初心和宗旨，把握党促进人民共同富裕的基本规律，扎实推进新时代人民共同富裕。

4. 关于共同富裕实现现状的研究

实现共同富裕是社会主义的本质要求，是中国共产党的百年夙愿。在庆祝中国共产党成立 100 周年大会上，习近平庄严宣告我们实现了第一个百年奋斗目标，在中华大地上全面建成了小康社会，历史性地解决了绝对贫困问题。目前，在率领全体人民走共同富裕之路的进程中，我们又取得一系列的成就，但也面临挑战。学术界主要围绕以下几个问题展开研究。

第一，当前我国推进共同富裕所取得成就的研究。中国共产党始终坚持以人民为中心，率领全国各族人民砥砺前行，取得了举世瞩目的经济持续高速增长和社会长期繁荣稳定发展的双重奇迹，促进全体人民共同富裕取得多方面发展和重大成就。张来明（2021）将当前我国推进共同富裕所取得的成就归纳为以下六个方面。一是人民收入水平大幅度提高，我国已从改革开放前贫穷落后的全球低收入国家发展为中等偏上收入国家。二是人民生活日益殷实，人民生活水平和质量不断提高，已从改革开放前难以解决温饱问题、1990 年全面解决温饱、1998 年达到小康水平，发展到 2020 年全面建成小康社会。三是社会公平程度不断提升，城乡居民收入差距持续缩小，城镇居民与农村居民人均收入倍差从 2007 年的 3.33 倍下降至 2020 年的 2.64 倍，全国基尼系数从 2008 年的 0.491 下降至 2020 年的 0.468。四是公共事业全面发展，各级教育普及程度均达到或超过中高收入国家平均水平，已经建成包括基本养老保险、基本医疗保险、工伤保险、失业保险、生育保险、社会救助、住房保障在内的世界上最大的社会保障体系。五是人民健康水平稳步提升，已经建立覆盖全民的医疗保障制度。六是全面实施精准扶贫、精准脱贫战略，到2020年我国已成功实现农村贫困人口全面脱贫，区域性整体贫困基本得到解决，所有贫困县都已摘帽，我国绝对贫困问题已经得到历史性解决，创造了人类减贫史上的奇迹。

第二，当前我国推进共同富裕所面临挑战的研究。共同富裕的成就来之不易，是在党的坚强领导下全国各族人民长期奋斗的结果。同时，我们也要清醒地看到，当前促进共同富裕仍然面临着许多严峻挑战。李昀励（2021）认为，新形势下，中国脱贫攻坚取得的成果还需进一步巩固，相对贫困问题有待解决；发展不平衡不充分的问题依然较为突出，贫富差距鸿沟有待弥合；阶层固化的趋势日渐凸显，精神共富问题有待重视。郁建兴、任杰（2021）认为这些挑战主要表现在以下几个方面。首先，发展的收敛性不足，质量有待提高。其次，我国资源和机会分配不公平的问题仍然突出。第三，我国社会保障的水平和效率还有待提高，结构性矛盾依然突出。总体来看，我国社会保障平抑收入差距的作用有限。第四，我国税收制度缺乏累进性，对于缩小收入差距的作用有限。第五，我国的社会治理和社会稳定面临潜在挑战。一方面，相对贫困的问题开始凸显，这需要强大的社会力量参与治理，而我国社会组织仍然普遍面临体量小、能力弱、参与不足的问题。另一方面，民众对绩效的感知和认同正在发生变化。除了上述一系列问题之外，促进共同富裕还需要应对经济社会发展内外部环境变化带来的一系列新挑战。张来明（2021）认为，促进共同富裕在未来还面临来自经济转型发展、人口老龄化、新型城镇化、技术进步、财富差距扩大、传统文化与现代文明和中西方文明冲突、社会诉求多元化和社会矛盾多样化、外部发展环境复杂化等多方面的挑战。

### 5. 关于共同富裕评价指标体系的研究

党的十九届五中全会提出，到2035年全体人民共同富裕取得更为明显的实质性进展的远景目标。在实质性推动共同富裕的背景下，不能再满足于把实现共同富裕作为一种理念看待，而要真正扎实地制定政策、明确路径、细化实施方案来推动共同富裕，其中首要问题就是如何界定共同富裕，何种情况下是实现了共同富裕，到哪种程度才能说共同富裕取得了明显实质性进展。因此，要实现共同富裕，就必然需要建立系统性的科学测度指标体系。

在构建共同富裕评价指标体系之前，首先要提出一些关于度量指标体系的原则性考虑。下面列出比较有代表性的观点。宋群（2014）认为，设计共同富裕的评价指标体系应遵循以下四个原则：一是指标的全面性与综合性，即指标不仅涉及反映经济与社会的代表性指标，而且还要涉及反映文化、制度、生态环境方面的代表性指标，更要涉及综合反映我国实现共同富裕的整体发展水平与程度的指标；二是指标的针对性，即共同富裕的评价指标体系要着重反映影响我国共同富裕实现的经济与社会发展中存在的差距及这些差距不断消除的程度与水平；三是可操作性；四是可比性。在此基础上，陈丽君、郁建兴、徐铱娜（2021）则将指标设计的全面性原则具体地补充为：指标应当兼顾科学性与可操作性，维度框架体现对共同富裕内涵的科学理解，具体指标依据可获得性、可测量性、可比较性进行选取；兼顾群体与区域，既衡量群体之间，又测量区域之间共同富裕程度；兼顾供给侧和需求侧，既服务于各地政府的工作，又让人民群众感知到；兼顾动态监测和有效对标，既可以用于动态监测各地共同富裕实现状况，又可以提供可对标的标准，协助地方党委政府决策。除此以外，刘培林、钱滔、黄先海、董雪兵（2021）认为，关于共同富裕度量指标体系的设计还应该考虑以下几个原则：第一，必须对总体富裕程度和发展成果共享状况同时加以度量；第二，需要对共同富裕实现过程和实现程度加以度量，新时代共同富裕是状态与过程的统一；第三，要引导缩小差距但不能搞平均主义；第四，精心构造反映发展成果共享程度的度量指标；第五，根据指标性质选择合适的度量方式和量纲；第六，指标体系不宜逐项层层分解。

关于共同富裕评价指标体系的构建，目前国内学者对共同富裕的测度指标体系的研究相对比较少。回顾已有共同富裕理论内涵与评估指标体系的相关研究，从指标维度划分来看，大致有以下三类。首先，是将共同富裕的指标体系划分为两部分的，这部分学者从收入分配角度进行划分，认为测算共同富裕系数必须坚持“共同”和“富裕”两方面的有机统一。刘培林、钱滔、黄先海、董雪兵（2021）设计的指标体系框架包含总体富裕程度和发展成果共享程度两个维度。杨宜勇、王明姬（2021）则直接划分出评价“共同”和评价“富裕”的两大部分，这两大部分下再包含 5 个一级指标、12 个二级指标、27 个三级指标，它们共同组成共同富裕的评价指标体系。其次，是将共同富裕的指标体系划分为三个维度的，下面列出比较有代表性的观点。宋群（2014）提出的共同富裕的评价指标体系，由基础指标、核心指标、辅助指标共 23 个指标组成，并将评价指标体系划分为以下三部分：一是用于反映我国发展总体水平的基础指标，涵盖经济、社会、文化、生态及制度；二是用于反映差距存在与消除的核心指标，包括收入差距、地区差距与社会保障；三是用于反映与国际水平比较的辅助指标，包括发展水平与人的感受。而陈丽君、郁建兴、徐铱娜（2021）则从多维度、多主体、多视角来评价共同富裕的建设程度，以共同富裕的内涵和特征为逻辑起点，精准识别影响共同富裕实现进程的重要因素，确定以发展性、共享性、可持续性作为共同富裕指数模型的三大评价维度。具体为：以发展性指标反映社会总体财富、人民收入的增长情况和物质基础建设水平，衡量的是群体、代际、城乡、区域之间的贫富差距；以共享性指标反映改革发展成果是否公平地惠及全体人民，从教育、医疗、社保、精神等方面衡量人民对美好生活的期待与现有发展之间的差距；以可持续性指标反映经济和社会发展与人口、资源和环境的承载能力相协调适应的程度，衡量的是经济发展、财政支出、社会环境和生态环境的长远发展潜力。同时，他们采用基于问卷调查的层次分析法，测算了各因素的重要性程度及其关联度，形成各指标权重，构建了包含 3 项一级指标、14 项二级指标、81 项三级指标的共同富裕指数模型。除此以外，还有将共同富裕的指标体系划分为四部分的。苏畅（2018）将共同富裕的内涵与指标设计原则相结合，依据社会经济、文化、制度、生态环境四个方面，并且将其作为一级指标，在此基础上构建二级指标体系，进一步探究共同富裕的定量测度。

6. 关于国外治理贫困和追求富裕的经验教训的研究

国内学者对国外治理贫困和追求富裕的研究，主要是从世界现代化发展的趋势、宏观历史学、发展经济学、发展社会学、政治学等角度开展的研究，也有少数对特定群体反贫困实践的研究。但对国外治理贫困和追求富裕的根本理念、基本原则、主要做法以及隐藏在背后的深层次本质原因和规律的研究较少，对在中外比较中系统把握重要历史经验教训的研究也较为缺少。总体来看，更多的是对现代化的宏观把握和世界反贫困实践的总体叙述。例如，马远之的《中等收入陷阱的挑战与镜鉴》，作者从中等收入陷阱出发，以社会发展中需要关注的“十大关系”为主线，对中等收入陷阱形成的原因、特征、施行的政策等方面进行了广泛的探讨。罗荣渠的《现代化新论——世界与中国的现代化进程》（增订本），将现代化作为完整的世界过程进行整体性研究，提出了以生产力为主轴的社会历史发展观，对世界各地区现代化发展的模式、崛起的经验、历史条件等进行了整体性反思。邓大才的《关于国外反贫困政治学研究的研究》，该文从政治学角度提出了有关反贫困的双系统运行体系观点，以国家能力系统和穷人权利系统的有机配合运行为主线，对国外学界有关反贫困实践的影响因子、类型和实际效果进行了考察研究。

另外，姚玲珍的《德国社会保障制度》，从德国社会保障制度的发展历程、构成体系、特征等方面对德国的社会保障体系进行了全面系统的介绍。由中国科学院自然科学史研究所组织研究和撰写的“科技革命与国家现代化研究丛书”，从科技革命与国家现代化的角度出发，以意、英、法、德、美和中国为案例，从科学技术和社会互动的关系着手，对引起这些国家实现现代化的社会各要素及其关系开展了研究，强调了现代化的科技体制及其丰富的科学成果对社会整体进步的重要性。王志章、郝蕾的《日本反贫困的实践及其启示》从日本的农村土地规模化经营、提高农业经济效益、完善农村社会保障体系等角度开展了研究，并对日本反贫困过程中所存在的问题进行了反思。李鹏涛、陈洋的《殖民地国家的基本特征与当代非洲国家治理》从“殖民遗产”严重影响非洲国家治理效能的角度出发，强调非洲只有不断增强自主发展意识，才能不断破解社会碎片化问题，加强社会与国家的有机联系，提升治理能力。

总之，一些西方经济学家本质上并不认为贫富差距现象的出现是一件坏事，相反他们认为这种差距能刺激效率，是一种资源有效配置的方式。而国内学者则对世界现代化过程进行了多角度分析，对国外的治理贫困和追求富裕状况进行了宏观研究，并对相关发展模式下产生的影响开展了宏观讨论。不可否认，贫困和富裕的问题在现代化过程中会更加突出，而问题的解决也只有在现代化进程中通过发展的手段才能实现。但是国外治理贫困和追求富裕的过程，与中国并不相同。在两种不同的社会制度下，治理贫困和追求富裕，受各自国家的实际现状、民族文化传统和社会主导力量影响的程度会有所不同，其开展的目的、推进的强度、产生的实际效果也会截然不同。即便是世界主要地区、国家普遍采用了资本主义发展制度，其同一社会制度下所依凭的基本原则和指导理念也会各异，具体的价值取向和目标追求也不尽相同。而且治理贫困和追求富裕的主要做法也多有差别，其后续的实践程度和取得的实际社会效果也多有不同。因此，对国内外治理贫困和追求富裕的比较研究，应当是在两种不同社会制度前提下开展的研究。也只有在这一前提下，才能科学研究其中的问题，才能找到合理解释其之所以如此的历史和现实原因、依据。实际上，国外治理贫困和追求富裕的理论实践，是围绕着缓解资本主义经济固有的基本矛盾展开的，其以资本为中心，而非以人民为中心，这最终必然会导致社会矛盾的进一步扩大。而这也恰恰是国外有关治理贫困、追求富裕的理论实践带给我们的重要警示。

7. 关于共同富裕实现路径的研究

第一，党的十八大前对共同富裕实现路径的研究。自改革开放到党的十八大，关于共同富裕的研究成果相对比较少，分歧也比较大。孙居涛（2004、2007）提出，我国对收入分配制度的改革最主要的目的集中于增加居民收入，为实现共同富裕打好制度基础。刘先春、宋立文（2010）认为，只有摆脱贫困，无产阶级才能获得真正的解放和自由，才能实现共同富裕，而实现这一目标唯一的途径就是夺取政权。程恩富、刘伟（2012）深入分析了共同富裕的实现机理，认为“坚持国进民退，做强做优做大国有制经济”和“确立以民生建设为导向的发展模式，使政府的投入和政策向普惠型转变”是实现共同富裕的必然选择。

第二，党的十八大后对共同富裕实现路径的研究。新时代推动共同富裕，必须要有扎实的实现路径，以此切实解决人民反映的突出问题，不断满足人民迫切的现实需要。随着我国开启全面建设社会主义现代化国家新征程，学术界对共同富裕实现路径的探析，紧扣发展不平衡不充分这个问题，以缩小城乡区域发展差距和收入分配差距为主攻方向，统筹制度、战略、政策这三个层面共同发力，扎实推进共同富裕。下面列出比较有代表性的观点。张占斌、吴正海（2021）认为在新时代推进共同富裕，首先，必须坚持社会主义社会制度，坚持和完善公有制为主体、多种所有制经济共同发展的基本经济制度，坚持按劳分配为主体、多种分配方式并存的分配制度，坚持和完善社会主义市场经济体制；其次，要坚持推进财税改革，完善有利于促进共同富裕的教育、就业和社会保障等政策体系；最后，要着力做好“多轮驱动”，夯实共同富裕的经济基础，在高质量发展中促进共同富裕。刘彻（2021）同样也从制度、战略、政策三个方面来探索中国特色社会主义共同富裕的实现路径。但是在具体路径上，他认为，实现共同富裕，首先必须坚持中国特色社会主义道路，发挥中国特色社会主义制度优势，坚持人民主体地位，坚持社会主义市场经济体制，坚持发展成果由人民共享。其次要全面落实乡村振兴战略，缩小城乡差距；落实区域协调发展战略。最后要逐步加强公共服务均等化，不断促进社会公平正义；建立可持续的社会保障体系，保障群众的基本生活需求。除此以外，张来明、李建伟（2021）认为，须将促进共同富裕融入区域协调发展战略、乡村振兴战略、新型城镇化战略，深化体制机制改革，从而稳步推进收入分配公平、基本公共服务均等、机会均等、健康公平、精神文明建设和文化资源普惠。而曹戈（2021）则结合了2035年远景目标，认为实现共同富裕必须有效衔接巩固脱贫攻坚成果与乡村振兴；必须努力实现高标准基本公共服务均等化；必须实行更有力的财税政策。颜晓峰、杨文圣（2021）认为，实现共同富裕要坚持经济增长和促进就业相协调，要完善公共服务政策制度体系并促进基本公共服务均等化。

归纳以上学者的观点，可以得知：制度保障是实现共同富裕的基本前提；战略举措在促进国民经济发展、缩小城乡差距、维护社会公平正义、推进共同富裕的进程中起规定性作用；而财政政策、货币政策、就业政策、社会保障政策等一系列政策的实施则直接将共同富裕这一原则落实到了就业、收入分配、教育、医疗、住房、养老、扶幼等关系民生、关乎社会公平正义的具体领域。

### （三）关于共同富裕与社会主义现代化关系的研究

以前学术界很少关注这方面的内容。党的十九届五中全会以后，这一问题开始进入学术界的视野。王淑芹（2020）认为，共同富裕是社会主义现代化国家建设的基本目标，理由是共同富裕是协调社会主要矛盾的内在需要，是社会主义制度的本质要求，是社会主义制度优越性的重要体现。

中国华（2021）认为，共同富裕是社会主义现代化的重要目标，依据是实现共同富裕是社会主义的本质要求；贯彻以人民为中心的发展思想是实现共同富裕的重要基础；贯彻新发展理念是实现共同富裕的根本保障。李景治（2021）认为共同富裕是中国特色社会主义现代化建设的根本奋斗目标，理由是共同富裕是建成中国特色社会主义现代化强国的重要标志，也是中国特色社会主义现代化道路与西方现代化道路的本质区别；共同富裕不仅是物质生活的丰富，而且是精神生活的丰富和公共服务水平的提高。艾四林（2021）认为，全体人民共同富裕是中国式现代化的一个基本特征，凸显了我国现代化的社会主义本质，丰富了人类现代化的内涵，为解决人类问题贡献了中国智慧和中国方案。周文、肖玉飞（2021）认为西方国家现代化的历史是一部不断加剧财富分配失衡和制造社会两极分化的发展失衡历史。贫困加剧与贫富悬殊是资本主义的内在必然，西方福利社会制度更难掩西方资本主义社会极度不公的事实，资本主义现代化道路注定无法彻底消除贫困与解决财富分配高度不公的问题。共同富裕是社会主义的本质要求，也是中国式现代化的重要特征，更是中国式现代化的美好未来。在中国式现代化道路中实现全体人民共同富裕，不仅是中华民族伟大复兴梦想的美好愿景，也是人类社会前所未有的现代化伟大奇迹。社会主义基本经济制度是实现共同富裕的独特制度优势，公有制为主体、多种所有制经济共同发展的所有制基础为实现共同富裕奠定制度基础，按劳分配为主体、多种分配方式并存的收入分配制度为实现共同富裕提供制度保障，社会主义市场经济体制为实现共同富裕提供制度活力。韩文龙（2021）认为，中国式现代化新道路为实现全体人民的共同富裕提供了价值理念、领导力量、基本经济制度、物质财富和精神财富等多个方面的重要保障。金光旭（2021）认为共同富裕是中国特色社会主义的根本原则、价值目标和基本要求。林于良、杨渝玲（2021）认为，实现共同富裕之所以成为中国式现代化新道路的重要特征，是因为它作为社会主义本质的呈现，不仅是中国人民心中共同的期许，也是中国特色社会主义制度优越性的显著标志，更是中国共产党百年的价值追求。

## 二、国外关于社会主义现代化与共同富裕问题的研究综述

### （一）关于社会主义现代化的研究

20 世纪 60 年代以来，随着西方资本主义社会的快速发展，“现代化”一词在西方社会科学研究中首先被提起，用来概括人类近代社会急剧转变的总体动态。现代化是一个内涵丰富的概念，在不同历史发展阶段，国外学者从不同学科视角出发，对现代化的概念进行了专门的阐释和研究。刘易斯（1954）认为，发展中国家的现代化过程就是打破二元经济模型的过程，即扩大现代资本主义部分、缩小传统农业部门的过程。布莱克（1966）将现代化定义为反映着人控制环境的知识的亘古未有的增长，伴随着科学革命的发生，从历史上发展而来的各种体制适应迅速变化的各种功能的过程。塞缪尔·亨廷顿（1968）认为，现代化是一个多层面的进程，它涉及人类思想和行为所有领域里的变革。富永健一（1988）认为，现代化是与政治的、社会文化的变迁过程相联系的概念。吉尔伯特·罗兹曼（1989）认为，现代化是各社会在科学技术革命的冲击下，已经历或正在进行的转变过程。哈尔班达（1998）认为，中国自实行改革开放以来，政府高度重视科技体制改革，这进一步促进了社会技术变革和社会的现代化进程。艾伯特·马蒂内利（2005）从历史学和社会学角度重新评估了现代性与现代化的概念及其理论，并阐释了现代性和现代化问题研究对全球化未来发展的重要作用。罗纳德·英格尔哈特与克里斯蒂·韦尔策尔（2009）认为，经济增长通常会导致价值观的转变，这反过来又决定了民主制度的兴起，因此现代化是全球性的。哈贝马斯（2000）、艾森施塔特（2010）认为现代化是一个多维的对立的过程。瓦格纳（2010）提出，对现代性和现代化的多种形式的系统分析是对当前社会和政治理论的主要挑战。瓦列里·萨维里耶夫（2019）认为，现代化的一个关键标准是提高人们的自主选择性。从国外学者对现代化概念的阐释和研究来看，从单一学科视角出发是正确的，同时也是片面的，现代化是具有丰富内涵和外延的概念，是涉及人类思想和行为诸多领域的不断变迁的发展的理论，是一种整体的社会变动过程。

### （二）关于资本主义国家两极分化的研究

国外对共同富裕的研究始于空想社会主义。早在16世纪，托马斯·莫尔、托马斯·康帕内拉等空想社会主义者为世人构建了一个封闭的岛国，人人参与劳动实现了自给自足，社会生产资料及社会财富的公有构筑起了没有贫富差距的“理想社会”。这种原始的想象在一定程度上可以被视作自然经济条件下共同富裕的原始雏形。随着资本主义制度的发展，国外学者对资本主义生产条件下共同富裕的研究主要集中于稀缺资源的有效配置问题上。古典政治经济学家亚当·斯密（Adam Smith）在《国富论》中认为财富来源于劳动、交换、土地，财富的表现形式是地租、资本家的利润、工人的工资，其被称为斯密教条主义。各个工人除了基本的生活需求外还存在其他工作可以支配，这样的话既然每一个其他的工人的处境都是相同的，所以他就能够交换其他工人所有的大量财物。古典福利经济学理论体系建构者阿瑟·塞西尔·庇古（Arthur Cecil Pigou）在《福利经济学》中指出，社会福利就是让社会个体能够在社会中感受到的全部心理满足感与幸福感，新福利经济学学者罗伯特·库尔茨（Robert Kurz）认为，资本主义生产方式下私有制导致资本主义财富积累速度加快，但是高福利的国家依旧会出现“职业贫困”等问题，会导致贫富差距越来越大。马克思、恩格斯从资本主义社会的基本矛盾出发，剖析了其两极分化问题，得出资本主义必然灭亡的结论。

### （三）关于贫困和反贫困问题的研究

贫困和反贫困问题长期以来受到理论界的关注，尤其是在二战以后，随着发展经济学的兴起，反贫困理论有了新发展。西蒙·史密斯·库兹涅茨（Simon Smith Kuznets）提出在从前工业文明向工业文明极为快速转变的经济增长早期，不平等扩大，一个时期变得稳定，后期不平等缩小的观点。阿尔伯特·奥托·赫希曼（Albert Otto Hirschman）以此理论为基础，提出了经济发展的“涓滴效应”理论，认为在经济发展过程中率先发展起来的地区和群体会通过创造就业、扩大消费等方式让发展成果惠及贫困地区和贫困人口。阿瑟·刘易斯（W. Arthur Lewis）认为，发展中国家农业经济体系劳动生产率低下，让劳动者摆脱贫困的办法是促进农村剩余劳动力向非农部门转移。西奥多·舒尔茨（Thodore W. Schults）也提出，农业中的贫困应该在农业领域解决，办法就是提高农业的工业化水平和农民的受教育程度，即提高农村的人力资本来消除贫困。冈纳·缪尔达尔（K. Gunnar Myrdal）提出了贫困的多因素说，认为发展中国家的贫困绝不仅仅是一个经济问题，而是政治、经济、文化等诸要素共同作用的结果。阿马蒂亚·森（Amartya Sen）提出了“能力贫困”和“权利贫困”的问题，他认为，贫困人口之所以陷入贫困，是因为他们缺乏获得维持正常生活所需的收入的能力和机会。因此，只有通过相应的制度安排，建立一套政治和社会体制，保障贫困者拥有基本的政治与公民自由、满足基本生活需要和教育、医疗卫生等权利和能力，才能解决贫困问题。

### （四）关于马克思共同富裕思想和中国扶贫的研究

托马斯·皮凯蒂（2015）认为，近几十年来，贫富差距日益严重，共同富裕日益成为一个亟待解决的问题。阿比吉特·班纳吉与埃斯特·迪弗洛（2018）指出实现共同富裕的关键是贫困阶层居民具有自动力。将马克思共同富裕思想中的核心观念，如生产力发展、民主、公平等，纳入自己的思想理论体系中来研究，大卫·利奥波德（2017）讨论了关于在实现共同富裕过程中，未来理想社会中人的自由全面的发展的理论，并对中国精准扶贫给予高度关注。姜·埃·瓦洛里（2017）、约翰·库珀（2019）认为，中国减贫行动成效卓著，具有世界历史意义。同时，也有学者提出中国扶贫的风险挑战，如彼得·伍德认为，虽然中国在改善普通老百姓生活方面取得了重大进步，但城乡差距仍在增大。

## 三、已有相关代表性成果及观点的评述

以往国内外相关研究的成果表明，关于共同富裕的内涵和本质、马克思主义共同富裕思想、中国共产党百年共同富裕的实践、我国推进共同富裕的成绩和不足、实现共同富裕的路径及国外贫困治理的经验教训等各个方面的研究都取得了较大成绩，在理论与实践方面的发展和突破常有常新。但我国面临着世界环境的新变化、国内发展的新需求，关于共同富裕仍有诸多问题需要研究和解决，有些甚至是很急迫的问题。

第一，共同富裕研究的现有成果多从经济学、政治学、社会保障学出发进行对策研究，而马克思主义把共同富裕作为终极价值目标，虽有个别学者从马克思主义利益观、社会主义本质论、社会主要矛盾论探讨共同富

裕问题，但是缺少从马克思主义共同富裕理论的高度进行的研究。

第二，学界虽然对共同富裕面临的问题、成因、对策已经进行了较多研究，但是对新发展阶段共同富裕的理论困境、历史困境、现实困境的内在逻辑关系和破解路径认识还不清晰、不充分。特别是对共同富裕实践路径的探讨，成果虽较丰硕，但是有的对策已经过时，有的对策针对性不强，有的对策比较理想化，收效甚微。因此，亟须针对实现全体人民共同富裕的路径进行对策性研究。

第三，学界虽普遍认识到共同富裕是社会主义的本质要求，是社会主义现代化的重要特征，但是对共同富裕的战略目标问题认识还不是很清晰。

第四，学界对共同富裕的衡量指标问题虽然已经开始关注并展开研究，但是研究深度还明显不够，科学的指标体系还没有建立起来。

## 第二节　社会主义现代化与共同富裕研究的价值

习近平总书记指出："实现共同富裕不仅是经济问题，而且是关系党的执政基础的重大政治问题。"共同富裕作为社会主义的本质要求，彰显了中国式现代化的显著特征，是在中国国情、革命与实践基础上解决西方国家现代化过程中出现的问题，同时实现全面建成社会主义现代化强国的目标的伟大探索。在新的历史方位上，开展促进全体人民共同富裕的整体性研究意义重大。

### 一、学术价值

第一，开辟理论研究新领域，着力构建新发展阶段促进全体人民共同富裕研究的分析框架。近十年，国家社会科学基金以"共同富裕"为主题的立项项目有十多个，主要从分配、公平、正义、政府作用、共享等视角切入，但对促进共同富裕的学理性、整体性和基础性研究不够，还需更加全面、系统、深入地推进相关研究。因此，本书在充分借鉴其他相关研究成果基础上，从促进全体人民共同富裕的基础理论、实践现状、指标体系、基本经验和推进路径等方面进行深入研究，力求构建研究共同富裕的理论平台和解释框架，为相关研究提供理论借鉴。

第二，结合时代发展所需，丰富建党百年来促进全体人民共同富裕的理论研究成果。2020 年是全面建成小康之年，也是脱贫攻坚决胜之年，两项历史性任务圆满完成关系到社会主义建设的长远规划。但无论是全面脱贫，还是全面小康，其终究只是共同富裕路上的里程碑，距离真正的终点还有很长的路要走。因此，在新时代回答“如何扎实推动共同富裕、如何推进共同富裕取得实质性进展”时代之问的背景下，更应该对促进全体人民共同富裕进行全面深入的研究，满足日益增长的研究需要，丰富新发展阶段共同富裕的理论成果。

第三，有助于丰富研究资料，奠定共同富裕理论基础。本书通过对马克思主义共同富裕观，尤其是新时代习近平总书记关于共同富裕重要论述的研究，对中外追求富裕的比较研究，对共同富裕现状和指标体系的构建研究，对共同富裕百年实践经验总结和具体路径探索的研究，形成学术性成果，丰富可资利用的马克思主义共同富裕理论文献材料，方便更多学者继续深化对全体人民共同富裕的相关研究，为促进实现全体人民共同富裕奠定坚实的理论基础。

## 二、应用价值

第一，有助于为党和政府制定实现共同富裕的相关政策提供理论参考。从实践上看，共同富裕在改革开放之初就已经提出，而且我们在中国特色社会主义道路探索中也取得了显著的成就，积累了宝贵的经验，但与此同时也忽视了对一些问题的防范，使得共同富裕面临着严峻的挑战。本书的研究，可以形成一些有关共同富裕进展的研究成果和咨询报告，总结历史发展的成功经验和挫折教训，观照现实发展的难点问题和焦点问题，为党和国家提供决策依据。

第二，有助于推动共同富裕高质量发展实践。本书的研究有利于进一步厘清新时代中国特色共同富裕道路建设的内涵。中国式共同富裕道路，既是对西方现代化理论的扬弃，也是对中国特色社会主义理论体系中共同富裕的坚持。面对我国社会主要矛盾的变化，中国特色共同富裕道路是对改革开放以来经济总量达到一定规模后实现以人民为中心的发展的强化与延续，是对社会发展和谐、居住环境改善和人的全面发展等问题的综合考量。新时代中国特色共同富裕道路实践目的是满足人民美好生活的愿望。高质量发展是共同富裕的必经之路，厘清共同富裕内涵则帮助高质量发展找准着力点。由此，从理论上梳理新时代中国特色共同富裕的内涵，对高质量发展实践有着重要推动意义。

第三，有助于回望党的百年共同富裕之道，探寻实现共同富裕的一般规律，进一步指导实践。从实践进程上看，共同富裕并不是孤立单独地在这一时期提出的，而是从新中国成立到改革开放再到今天一以贯之的主要思想。特别是改革开放以来中国共产党领导中国人民取得了经济建设等领域的巨大成就，但是一些问题也不断地凸显出来，使共同富裕这一议题在今天变得更为重要。因此，在以马克思主义理论为指导，把握社会主义初级阶段的国情的基础上，进一步回望党追求共同富裕百年历程的经验和教训，总结实现共同富裕的一般规律，以便更好地指导实践，具有非常强的实际意义。

## 三、社会意义

第一，通过学理分析，增强全体人民共同富裕的信心。本书从理论逻辑、历史逻辑、现实逻辑、实践逻辑出发对促进全体人民共同富裕进行学理性分析，全面展现中国人民在中国共产党的领导下，克服艰难困苦，历经曲折探索，在改革开放的伟大征程中进行先富后富的共同富裕实践，辩证总结党的百年历程中共同富裕的实践经验，立体彰显新时代共享发展理念下共同富裕的推进前景。这对于今天更好地把握社会主义初级阶段的国情，客观地分析中国特色社会主义共同富裕的实现条件和目标定位，坚定共产主义的伟大理想和中国特色社会主义的共同理想具有重大的意义。

第二，真抓实干，增进人民福祉，提高生活品质。中国在社会主义共同富裕的实践中，取得了巨大的成就，国家经济实力不断增强，人民群众生活水平不断提高。在取得巨大成就的同时，也存在很多的问题，如众多的普通劳动者富裕程度不高、贫富差距过大等。如果不能正确认识和解决这些问题，就不能体现社会主义制度优越性，就会妨碍中国特色社会主义的健康发展。本书历史地、全面地分析我国实现共同富裕目标的进展，充分挖掘实现共同富裕中的积极因素，对解决发展中存在的贫富差距过大等突出问题，满足当下人民群众对美好生活的期盼与向往，消解社会内部矛盾，切实提高人民生活品质具有较强的社会意义。

**第三，形成特色，间接促进人类命运共同体发展。**在世界现有的社会主义国家中，中国是最为重要的力量。中国所走的社会主义共同富裕的道路，与资本主义国家个人富裕的道路有所不同。本书的研究有利于实现中国特色社会主义共同富裕的健康发展，从而有利于促进世界社会主义运动的发展，提高社会主义在世界上的影响力，同时对人类命运共同体的发展有所助益。

# 第二章　马克思主义共同富裕思想

共同富裕是人类最美好的愿景，是古今中外人民最朴素的憧憬和向往，引无数思想巨人和仁人志士为之忘我奋斗。人类历史上曾出现过中国儒家“大同社会”理想、孙中山的“天下为公”思想，以及西方空想社会主义者的“乌托邦”构想。马克思主义共同富裕思想的直接来源便是空想社会主义。以莫尔、圣西门、傅里叶和欧文为代表的空想社会主义思想者认为，乌托邦的美好社会可以通过人民的辛苦劳动而最终实现。而资本主义现实中的贫富分化归根结底是由私有制产生的。他们幻想有这样一个公有制社会，在那里人人平等，没有压迫和剥削，每个人都没有私有财产，但每个人都很富有。然而这样的思想只是建立在这些“天才思想家”们的头脑之中，并不具备科学的理论基础。马克思、恩格斯站在历史唯物主义的高度，将未来共产主义社会看作一种人类历史发展中必然达到的社会形态，并首次将共同富裕的伟大理想建立在唯物史观的科学基础上。

马克思主义经典作家的主要著作和理论中蕴藏着丰富而深刻的共同富裕思想，可以说共同富裕是马克思主义的基本规定和价值指向，是共产主义社会的重要特征。马克思主义的后继者们不断将共同富裕思想付诸实践，并在实践中完善和发展马克思主义共同富裕思想，在理论和实践的双向互动中朝着共同富裕的理想社会迈进。马克思、恩格斯是马克思主义共同富裕思想的创始者。在《德意志意识形态》《资本论》和《哥达纲领批判》等著作中，马克思、恩格斯指出“无产阶级的运动是绝大多数人的，为绝大多数人谋利益的独立的运动”[①]，在未来社会“生产将以所有的人富裕为目的”[②]。列宁、斯大林将马克思共同富裕思想率先运用到社会主义国家建设的实践中。中国共产党则极大地丰富和完善了共同富裕思想，在100多年的艰辛探索中形成了具有中国特色的共同富裕思想。毛泽东认为

---

① 中共中央马克思恩格斯列宁斯大林著作编译局编《马克思恩格斯选集》第一卷，人民出版社，2012，第411页。

② 中共中央马克思恩格斯列宁斯大林著作编译局编《马克思恩格斯选集》第二卷，人民出版社，2012，第787页。

社会主义就是要使中国农民摆脱千百年来的贫穷落后，将共同富裕融入社会主义建设中。他首次提出“共同富裕”这一概念，“要巩固工农联盟，我们就得领导农民走社会主义道路，使农民群众共同富裕起来”[①]。邓小平是中国共产党共同富裕思想的集大成者，他将共同富裕上升到社会主义本质的高度，并创造性地提出“先富带动后富”，最终实现全体人民共同富裕的战略思想，自此共同富裕成为中国特色社会主义的题中之义和必然要求。以江泽民和胡锦涛为代表的中国共产党人将共同富裕思想付诸实践，大大丰富了共同富裕思想的内涵。中国特色社会主义进入新时代，以习近平同志为核心的党中央更是将共同富裕提到了突出位置，历经 8 年的脱贫攻坚战在 2020 年取得决定性胜利，这是共同富裕之路上的一个关键里程碑。在开启全面建设社会主义现代化国家的崭新征程上，党的十九届五中全会将“全体人民共同富裕取得更为明显的实质性进展”列为 2035 年基本实现社会主义现代化远景目标之一；党的十九届六中全会提出：“立足新发展阶段、贯彻新发展理念、构建新发展格局、推动高质量发展，全面深化改革开放，促进共同富裕。”[②] 人类几千年共同富裕梦有望在 21 世纪的中国全面实现！

## 第一节　对资本主义社会两极分化的批判

19 世纪末，伴随着资本主义生产方式在西方各国的建立，欧洲社会中封建主义的剥削形式开始向资本主义的剥削形式转变，这一时期的社会两极分化问题尤为明显。两大阶级的矛盾已经尖锐到不可调和的地步。马克思主义共同富裕思想首先建立在对资本主义社会中贫富差距悬殊、两极分化现象的批判基础之上。马克思、恩格斯在现实中看到了未来社会实现共同富裕的可能性，并对共同富裕作出基本规定。

### 一、异化劳动：马克思对贫困问题的初探

在《1844 年经济学哲学手稿》（以下简称《手稿》）中，马克思通过“异化劳动”理论揭开了贫困问题的面纱。从《手稿》内容来看，马克思

① 中共中央文献研究室编《毛泽东著作专题摘编》（上），中央文献出版社，2003，第 838 页。
② 《中国共产党第十九届中央委员会第六次全体会议公报》，人民出版社，2021，第 16 页。

立足于对资本和私有制的批判，从哲学角度对私有财产与异化劳动问题进行了分析，深刻地批判了资本主义社会中工人生产的财富越多，他就越贫穷，“物的世界的增值同人的世界的贬值成正比”[①]，初步阐述了无产阶级贫困问题产生的原因，提出以现实的共产主义行动来消除无产阶级贫困，最终达到共同富裕。

马克思提出，人的本质不是什么抽象的东西，而应该是“自由自觉”的活动，即劳动，劳动创造了人。劳动的实现就是劳动的对象化。然而，资本主义下的劳动却恰恰相反，非但不能实现人的本质，反而成为人的一种异己力量，把本该是主体的人当成了被控制的客体。在《手稿》中，马克思创造性地阐述了异化劳动的四重规定。首先，劳动者和其劳动产品相异化。劳动者生产的产品并不属于自己，而属于资本家，自己则变成产品的奴隶。“劳动为富人生产了奇迹般的东西，但是为工人生产了赤贫。劳动生产了宫殿，但是给工人生产了棚舍。劳动生产了美，但是使工人变成畸形”[②]。其次，劳动者和其劳动过程相异化。这主要表现为劳动不是劳动者的自愿劳动，而是被迫的强制劳动，“只要肉体的强制或其他强制一停止，人们就会像逃避瘟疫那样逃避劳动”[③]。再次，人和人的类本质发生异化。马克思指出人的本质是自由自觉的劳动，这是人区别于一般动物之所在。动物的生命活动是一种无意识活动，是出于本能而不是它的选择和思考的行为。而资本主义条件下的异化劳动无情地将人自由的活动贬低为维持人的肉身存在的必要手段。人不得已被迫劳动，沦落为动物，所以人同人的类本质也相互异化。最后，人和人之间关系相异化。异化劳动的结果是形成工人与资本家的对抗关系。在资本主义社会中，人和人不是平等的，工人被资本家所控制。

在《手稿》中，马克思站在工人的立场上，通过异化劳动理论深入剖析了工人的现实处境，指出资本主义生产条件下的“异化劳动”是工人贫困加剧的根本原因，也只有在对私有财产即人的自我异化进行了积极的扬弃的共产主义社会中，无产阶级才有可能摆脱贫困，向人的本质实现复

---

① 中共中央马克思恩格斯列宁斯大林著作编译局编《马克思恩格斯文集》第一卷，人民出版社，2009，第156页。

② 同上书，第158-159页。

③ 同上书，第159页。

归，“在以往发展的全部财富的范围内”[1]实现复归。马克思揭露了工人在“异化劳动”条件下的悲惨境地，也揭露了人的全面发展在“异化劳动”条件下的否定性。但需要指出的是，《手稿》作为马克思“前成熟期”作品，其对贫困问题的分析方法是从“应然”推“实然”，也就是说，从异化劳动理论分析贫困问题的前提是，有一个“非异化劳动”时代的存在。但从历史上看，并没有这样一个时期真实存在。因此，异化劳动理论的科学性有待商榷。但是，青年马克思在《手稿》中出于人文主义关怀，抨击了异化了的社会对个人的价值的蔑视和对人的个性的践踏，向世人描绘出在资本主义社会中人的活动表现为苦难，人的创造物表现为异己的力量，人的本质的现实性表现为非现实性，人作为其创造物的主人表现为这个创造物的奴隶这样一幅真实的类生活的讽刺画。

## 二、两极分化：资本主义私有制的必然结果

资本主义私有制使得生产资料由资产阶级私人占有，而无产阶级除了劳动力一无所有，不得不向资本家出卖劳动力，换取维持自身和家属再生产的生活资料。恩格斯指出：“在人类发展的以前一切阶段上，生产还很不发达，以致历史的发展只能在这种对立形式中进行，历史的进步整个说来只是成了极少数特权者的事，广大群众则注定要终生从事劳动，为自己生产微薄的必要生活资料，同时还要为特权者生产日益丰富的生活资料。”[2]从生产角度看，马克思、恩格斯认为工人的劳动是创造价值的唯一源泉，工人剩余劳动时间越长，资本家获得的剩余价值就越多。资本家为了榨取更多的剩余价值，马不停蹄地加紧对工人的剥削。随着资本主义的发展程度越来越高，生产资料越来越集中于资产阶级，无产阶级的生活状况却每况愈下，贫富差距愈加悬殊。因此，资本主义社会中的两极分化就是资本主义私有制的必然结果。另外，从分配角度看，资本主义生产方式是以私有制为基础、以剥削雇佣劳动为主要特征的社会经济制度，这决定了资本主义分配制度同样极不公平。资本家分配给工人的是勉强维持家庭生计的

---

① 中共中央马克思恩格斯列宁斯大林著作编译局编《马克思恩格斯文集》第一卷，人民出版社，2009，第185页。

② 中共中央马克思恩格斯列宁斯大林著作编译局编《马克思恩格斯选集》第三卷，人民出版社，2012，第724页。

所谓的“工资”，而且在劳动力相对过剩的资本主义社会里，这笔“工资”随时可能丧失。而资本家分配给自己的则是工人所创造出来的剩余价值。在资本与劳动这一对对抗性矛盾中，劳动处于绝对弱势地位，资产阶级的富裕和无产阶级的贫穷存在于同一个时空。

无产者的贫穷不仅体现在其生产资料的丧失和剩余分配的不公这两个维度，还体现在这一过程中劳动者的身心健康受到严酷摧残，独立人格丧失，社会道德沦丧。在早期著作《英国工人阶级状况》中，恩格斯就对英国工人的悲惨境遇和糟糕的生活环境描写得入木三分。英国工人们居住环境极差，“每一个角落都塞满了人，病人和健康人睡在一间屋子里”①；工人们只能买到“劣质的、掺假的和难消化的”②食物，经常处于饥饿或半饥饿状态；工人的衣服是“坏的、破烂的或不结实的”③，很难想象工人们怎样度过寒冷的冬天；肺结核和伤寒等疾病在工人中大为肆虐，出不起医药费的工人只能任其发展，或者求助于江湖医生，服用大量假药，结果往往是旧病未愈，又添新病；能够满足他们社交和娱乐需求的最廉价的方式就是酗酒，这样可以使他们短暂地缓解疲劳、忘记痛苦、逃离现实，所以“患着忧郁症，总是愁眉苦脸，郁郁寡欢”④几乎是英国工人的常态；更让人触目惊心的是，这些问题造成代际传递的恶果，工人们没钱给孩子提供食物，就给孩子喝廉价烧酒、喂廉价鸦片，导致孩子从小便“患上了贻害终身的多种消化器官疾病”⑤。无产阶级恶劣的、非人的生存环境同资本家挥霍无度、奢侈淫逸的生活形成鲜明对比。从资产阶级富丽堂皇的住宅到阴郁的贫民窟的短途旅程，不亚于一场星际旅程。

私有制是一切矛盾和罪恶的源头，要实现共同富裕的理想社会就是要用公有制代替私有制。马克思、恩格斯曾在《共产党宣言》中提到，“共产党人可以把自己的理论概括为一句话：消灭私有制”⑥。这是保证生产资料由社会全体成员所有，保证共同富裕的实现的重要前提。一个社会的生

---

① 中共中央马克思恩格斯列宁斯大林著作编译局编《马克思恩格斯文集》第一卷，人民出版社，2009，第414页。

② 同上书，第411页。

③ 同上。

④ 同上书，第418页。

⑤ 同上书，第414页。

⑥ 中共中央马克思恩格斯列宁斯大林著作编译局编《马克思恩格斯选集》第一卷，人民出版社，2012，第414页。

产条件的分配方式不仅体现了生产方式的根本性质，也决定了消费资料的分配方式。要改变这种现状，就要消灭私有制，通过改变生产关系，形成一种新的适应生产力发展的生产关系，那就需要无产阶级进行革命，将生产资料从资产阶级的手中夺回来，实行无产阶级专政，建立生产资料公有制，这是实现共同富裕的制度基础。

列宁认为，在19世纪末20世纪初，垄断代替自由竞争并占据统治地位，资本主义已经进入垄断阶段。这一时期两极分化已经不再限于一国之内，垄断组织将过剩资本转移到国外，尤其是向落后国家扩张，以开辟更多市场、攫取红利。殖民地国家的劳苦大众被国际资本剥削和压榨，贫富差距开始呈现出世界性的特征。在这一时期，列宁领导苏俄人民建立了世界上第一个社会主义国家，开启了人类历史上第一次共同富裕的伟大实践。

邓小平十分重视改革开放进程中的贫富差距问题，他指出："社会主义的目的就是要全国人民共同富裕，不是两极分化。如果我们的政策导致两极分化，我们就失败了；如果产生了什么新的资产阶级，那我们就真是走了邪路了。"① 可见，改革开放的确会导致贫富差距问题，这也是由市场经济和"先富带动后富"的发展战略所产生的必然性后果。但是两极分化是资本主义的固有特征，如果我们的改革开放过程产生了贫者愈贫、富者愈富的两极分化现象，那就违背了中国特色社会主义的原则和初衷。

## 三、新路设想：落后民族跨越"卡夫丁峡谷"

马克思在晚年不再专注于对西方资本主义社会的批判，而是将研究领域转向东方民族，剖析东方社会的社会结构，探索东方社会的革命前途和社会形态的发展，提出俄国可以在保留农村公社的基础上跨越资本主义的"卡夫丁峡谷"，直接过渡到共产主义的观点，并阐发了俄国发展新道路的可能性和条件。

在马克思和恩格斯看来，俄国跨越"卡夫丁峡谷"的先决条件有三个：一是西欧几个主要资本主义国家自身发生严重的经济危机；二是西欧国家的无产阶级革命取得胜利，建立无产阶级专政的社会主义国家，并为

---

① 中共中央文献编辑委员会编《邓小平文选》第三卷，人民出版社，1993，第110-111页。

落后的俄国作出榜样，在物质生产及各方面给予充分支持和帮助；三是本国的无产阶级革命取得决定性胜利，推翻妨碍农村公社制度自由发展的各种反动制度，包括沙皇专制制度、封建土地所有制、资本主义剥削关系等等。

马克思在《给〈祖国纪事〉杂志编辑部的信》中提出“我得出了这样一个结论：如果俄国继续走它在1861年所开始走的道路，那它将会失去当时历史所能提供给一个民族的最好的机会，而遭受资本主义制度所带来的一切灾难性的波折”[①]，俄国完全有可能“取得资本主义制度的全部成果，而又可以不经受资本主义制度的苦难”[②]。也就是说，俄国在1861年开始走上资本主义道路，如果继续沿着西欧的发展道路走下去，俄国将完全成为一个资本主义国家，那么必然会遭受资本主义发展过程带来的痛苦，并将失去在农村公社的基础上建立共产主义制度的机会。

那么马克思信中所说的“灾难性波折”“一切苦难”究竟指的是什么呢？马克思和恩格斯在《共产党宣言》中曾对资本主义在不到一百年的时间中创造的巨大生产力表示充分肯定，资本主义生产方式创造的物质财富胜过以前的所有世代，为什么马克思仍然坚称资本主义制度是“苦难”、是“波折”呢？最根本的原因就是资本主义制度造成了巨大的贫富差距和两极分化。资本主义的巨大生产力不是为满足全体社会成员的需要，而是为了资本家的资本积累和扩大再生产。在经济繁荣阶段，机械化和自动化程度提高，资本的有机构成不断提高，但是贫困的无产阶级的支付能力远低于社会财富的实现水平，造成了生产的相对过剩，进而导致资本主义世界周期性的经济危机；而周期性的经济危机爆发后，经济衰退，工人失业，社会上出现大量的绝对贫困人口。这就是“兴，工人苦；亡，工人苦”。在资本主义条件下，无论经济繁荣还是衰退，无产阶级始终不能摆脱贫困。这就是马克思信中的“波折”和“苦难”。

所以马克思主张落后民族跨越资本主义的“卡夫丁峡谷”，而无须遭受资本主义制度下资产阶级和无产阶级的两极分化、工人所遭受的被剥削的悲惨命运和贫穷的一切苦难。目前学术界对于马克思的这一设想的科学

---

① 中共中央马克思恩格斯列宁斯大林著作编译局编《马克思恩格斯选集》第三卷，人民出版社，2012，第728页。

② 同上。

性争论不断，在这里对这个问题暂且不论，跨越“卡夫丁峡谷”这一理论本身就包含着落后民族不经过私人资本积累和两极分化，进而实现共同富裕的思想意蕴。这一思想在一定程度上可以说是后来苏联和中国等经济文化落后国家通过建立社会主义制度实现共同富裕的思想滥觞。

## 第二节　解放和发展生产力是实现共同富裕的基石

依照唯物史观，生产力是人类社会进步的根本推动力，只有在遵循生产力发展规律的基础上，才能更好地认识生产力与生产关系的矛盾运动，把握经济基础与上层建筑的辩证关系，进而充分尊重人民群众的主体地位，调动其积极性和能动性，以期在更大程度上实现共同富裕理想。因此，生产力这一范畴在整个历史唯物主义中居于根本性的地位。生产力的高度发展是共同富裕的前提条件。马克思、恩格斯在《德意志意识形态》中明确指出:“生产力的这种发展……之所以是绝对必需的实际前提，还因为如果没有这种发展，那就只会有贫穷、极端贫困的普遍化；而在极端贫困的情况下，必须重新开始争取必需品的斗争，全部陈腐污浊的东西又要死灰复燃。”① 这足以表明生产力的发展对于共同富裕根本的、决定性的作用。马克思认为只有推动生产力的极大丰富和发展，才能为无产阶级的革命胜利奠定物质基础，才能在更宽更广更深的层面上实现共同富裕的目标。社会主义国家可以充分发挥制度优势，在生产资料公有制基础上大力推进生产力的提高和发展，从而为实现共同富裕提供持久动力。

### 一、加快实现工业化以摆脱贫穷落后

一般来说，工业化是从以农业为主的生产方式向以工业为主的生产方式的转变过程。从历史上看，一个国家实现工业化有两条道路：资本主义道路和社会主义道路。马克思和恩格斯认为，工业化对人类的影响具有双重性，即以生产力的标准来看，工业化具有划时代的进步意义；而从人的生存发展来看，工业化的资本主义客观上造成了无产阶级的普遍贫穷和异化。由于受所处的时代限制，马克思和恩格斯视野中只有资本主义工业化

① 中共中央马克思恩格斯列宁斯大林著作编译局编《马克思恩格斯选集》第一卷，人民出版社，2012，第166页。

这一条道路，因此他们对工业化的态度以批判为主。此外，马克思以独特的视角看到了大工业生产开创了世界历史。工业革命为资本主义工业化大生产奠定了物质基础。工业化的蓬勃发展，使得生产不再是一国之事，生产已经跨越了国界，生产成为世界性的生产。“过去那种地方的和民族的自给自足和闭关自守状态，被各民族的各方面的互相往来和各方面的互相依赖所代替了。”① 工业革命开辟了经济关系国际化的时代，工业化促使世界各国经济呈现一体化的特征。

俄国十月革命后，列宁领导的布尔什维克在苏俄开辟了社会主义工业化的新道路。这不同于马克思所处时代的资本主义工业化道路。由于此时的俄国经济文化比较落后，资本主义发展极不充分，国内工业化程度十分低，所以必须加快社会主义工业化的进程，才能抵御强大的帝国主义列强的压制和入侵，才能使得新生的社会主义政权得以巩固，才能使俄国的劳苦大众翻身解放、摆脱愚昧贫穷，走上共同富裕的道路。列宁和斯大林在先后领导苏联进行社会主义工业化的伟大实践当中，逐渐形成了经典（传统）的社会主义工业化思想，并为我国的工业化提供了宝贵经验与教训。第一，重视工业化在社会主义国家建设中的地位。列宁曾指出：“不挽救重工业，不恢复重工业，我们就不能建成任何工业，而没有工业，我们就会灭亡，而不能成为独立国家。”② 他还创造性地提出了“共产主义 = 苏维埃政权 + 全国电气化”的公式。在他看来，电气化代表当时最先进的生产力，苏联若能够率先将电气化运用到全国，对于社会主义运动和工业化国家的实现具有无比重大的意义。第二，优先发展重工业。到 1937 年第二个五年计划结束时，苏联工业品产值已从世界第五位跃进到第二位，从欧洲的第四位跃进到第一位。苏联从一个落后的农业国发展成为工业强国。但是如此高速度发展的代价，便是农、轻、重比例严重失调，农民利益被强行剥夺和严重损害。所以苏联在工业化进程中，并没有实现全体工人和农民的共同富裕。

中国共产党吸取了苏联工业化的经验和教训，探索符合中国实际的、

① 中共中央马克思恩格斯列宁斯大林著作编译局编《马克思恩格斯选集》第一卷，人民出版社，2012，第 404 页。

② 中共中央马克思恩格斯列宁斯大林著作编译局编《列宁全集》第四十三卷，人民出版社，1987，第 282 页。

具有中国特色的社会主义工业化道路。在新中国成立后的几年中，我国承接了苏联的工业援助，同样奉行优先发展重工业的战略。但是鉴于苏联工业化模式的种种弊端，毛泽东在《论十大关系》中提出了农、轻、重协调发展的思想；1964 年，周恩来在《政府工作报告》中首次提出，把中国建设成为一个具有现代农业、现代工业、现代国防和现代科学技术的社会主义强国，即传统的“四个现代化”；改革开放后，我国工业化建设更是取得了傲人成就。我国逐渐从一个贫穷落后的农业国转变成为一个富强先进的社会主义现代化国家，这离不开前三十年的工业化积累和完整的工业体系的建立，也离不开后四十年的快速发展。如今，全体人民共同富裕仍然要依靠不断提高的生产力和高质量的制造业发展推动，加快建设制造强国对于新时代中国特色社会主义事业仍然具有重要意义。

## 二、科学技术作为第一生产力为共同富裕提供“加速度”

依照传统的马克思主义基本原理，生产力的基本三要素包括劳动者、劳动资料和劳动对象。科学技术作为生产力系统中不可或缺的渗透性要素，在与生产力的基本三要素结合的过程中，会转化为实际生产能力，不同程度地提高劳动生产率。自从工业革命以来，科学技术的每一次重大突破，都对社会生产力产生革命性的作用。在现代社会，科技发展日新月异、一日千里，科学技术对提高生产力的作用越来越明显，逐渐成为发展社会生产力、创造社会物质财富的决定性因素。

马克思对于科学技术的进步对提高生产力的促进作用多次表示高度肯定。恩格斯曾经这样评价道：“任何一门理论科学中的每一个新发现——它的实际应用也许还根本无法预见——都使马克思感到衷心喜悦，而当他看到那种对工业、对一般历史发展立即产生革命性影响的发现的时候，他的喜悦就非同寻常了。”[①] 比如，马克思曾说：“劳动过程的技术条件可以大大革新，以至过去 10 个工人用 10 件价值很小的工具只能加工比较少量的原料，现在一个工人用一台昂贵的机器就能加工 100 倍的原料。”[②] 这个“昂

---

① 中共中央马克思恩格斯列宁斯大林著作编译局编《马克思恩格斯选集》第三卷，人民出版社，2012，第 1003 页。

② 中共中央马克思恩格斯列宁斯大林著作编译局编《马克思恩格斯选集》第二卷，人民出版社，2012，第 185 页。

贵的机器”就包含科学技术更先进或技术含量更高的含义。不仅如此，马克思还将科学技术视作生产力的重要因素，“劳动的社会生产力……包括科学的力量”①。可见，科学技术对于提高生产力、创造物质财富发挥着无与伦比的作用。

列宁继承了马克思、恩格斯的科技思想，他高度重视新兴科学技术对建设社会主义的积极影响。第一，列宁认为科学技术是有效恢复俄国国民经济的重要举措。他指出，“振兴全国的经济，要在立足于现代科学技术、立足于电力的现代技术基础上使农业和工业都得到改造和恢复”②。第二，大力发展科学技术是实现展示社会主义制度优越性、实现共产主义的先决条件。第三，列宁还提出在社会主义制度下发展科技事业的具体举措，包括：积极引进一切国外的科学技术成果；重视人才在社会主义科技发展中的作用；大力发展教育事业，争取在最短时期内培养出工农出身的各方面的科学技术专家等。列宁提出的一系列发展科技事业的新思想、新思路，丰富和发展了马克思主义的科技思想，对落后国家建设社会主义具有重要的理论和实践意义。

中国共产党人的科学技术思想与马克思、恩格斯、列宁的科学技术思想既一脉相承又有所创新。由于特殊的历史环境，毛泽东赋予科学技术以独立自主的民族意蕴，“我们不能走世界各国技术发展的老路，跟在别人后面一步一步地爬行。我们必须打破常规，尽量采用先进技术，在一个不太长的历史时期内，把我国建设成一个社会主义的现代化的强国”③。邓小平创造性地提出“科学技术是第一生产力”的新论断。这就将科学技术提高到生产力系统乃至整个经济社会发展的空前地位。该论断还极大地提高了科学技术的载体——知识分子的地位。“要把‘文化大革命’时的‘老九’提到第一，科学技术是第一生产力嘛，知识分子是工人阶级一部分嘛”④。这一重大论断鼓舞广大科技工作者在社会主义现代化建设中发挥聪明才智，创造更多科技成果，为国家的富强、人民的富裕奠定科技基础。江泽

① 中共中央马克思恩格斯列宁斯大林著作编译局编《马克思恩格斯选集》第二卷，人民出版社，2012，第 792 页。

② 中共中央马克思恩格斯列宁斯大林著作编译局编《列宁全集》第三十九卷，人民出版社，1986，第 301 页。

③ 中共中央文献研究室编《建国以来毛泽东文稿》第 11 册，中央文献出版社，1996，第 271 页。

④ 中共中央文献编辑委员会编《邓小平文选》第三卷，人民出版社，1993，第 275 页。

民认为科学技术是先进生产力的集中体现和主要标志。胡锦涛提出走中国特色的自主创新道路。习近平总书记将科技事业的发展融入整个社会主义现代化的全局之中。只有让科学技术源源不断地为生产力赋能，才能创造更多的社会财富，满足人民对美好生活的需要，才能实现全体人民共同富裕。

## 三、吸收资本主义一切有益成果服务共同富裕

生产力本身并不具有意识形态属性、阶级属性和制度属性。在资本主义条件下，由于生产资料掌握在资本家手里，先进的生产力就会成为资产阶级剥削工人剩余价值、进行资本积累的手段和工具；而在社会主义条件下，生产资料由全民占有，先进的生产力就会服务于整个国家的现代化建设，巨大的社会财富的创造也将以满足全体社会成员的需要为目的。从现实来看，社会主义革命并没有像马克思、恩格斯设想的那样，在欧洲主要资本主义国家同时爆发，而是在遥远的东方——俄国首先爆发。由于革命条件的成熟，科学社会主义在经济文化落后的国家率先实践，因此也没有发生马克思、恩格斯预料的那样，革命成功的西方国家对俄国的社会主义建设进行援助。俄国的生产力远远低于西方资本主义国家，因而社会主义的根本任务就是借助一切有利条件发展生产力，进行社会主义现代化建设，最终实现全体人民共同富裕。所以，在不发达国家建设社会主义，不能仅仅靠砸烂资本主义“旧国家机器”，还必须取得国外资本主义一切积极成果，大胆吸收和利用科学、技术、管理等有益成分。列宁、斯大林、毛泽东、邓小平等社会主义领导人都充分践行这一思想，为现代化建设和人民生活水平的提高大胆吸收和借鉴资本主义一切有益成果，在不同的历史阶段都促进了本国生产力的提高和社会主义事业的发展。具体来说，苏联和我国主要领导人的相关思想体现在以下几个方面。

第一，把握国际有利时机，大胆地引进外资和先进技术。在20世纪30年代初，苏联开展大规模经济建设之际，适逢资本主义世界发生严重的经济危机。当时，资本主义发达国家的资金和技术设备大量过剩，急于在传统的市场外寻找出路以摆脱困境，迫切需要打开苏联这一巨大市场。斯大林利用这一有利的国际环境，大规模地引进外国先进的技术，吸收外资

为己所用。同样，在20世纪70年代初，毛泽东和周恩来敏锐地抓住西方国家面临严重生产过剩的时机，出台了“四三方案”，成套引进西方先进设备，主要涉及国计民生的轻工业领域，解决吃、穿、用等问题，大大改善了人民生活。改革开放初期，邓小平曾对开放引进先进成果做过详细、深刻的论述，我国对资本主义国家先进的技术和资金进行了大规模引进，这实际上为中国特色社会主义事业注入了不可或缺的原始动力。

第二，向资本主义国家知识分子学习。先进的科学技术和生产力的载体是知识分子，所以利用资本主义的优秀成果，最直接的途径是向资本主义国家的知识分子学习。列宁认为，俄国文化技术落后，无产阶级没有必要的知识积累，而创造高于资本主义的劳动生产率又是社会主义本身的要求，如果没有西方资本主义国家在自然科学、管理科学等领域的专家的指导，俄国很难摆脱落后的国情。他还认为向资产阶级知识分子学习绝非共产主义者“年幼无知”，恰恰有东西可学。而那种好像劳动者不向资产阶级专家学习，也能战胜资本主义的认识完全是一种“貌似激进实则是不学无术的自负”①。邓小平将派遣留学生作为向发达国家学习先进知识的重要途径。1978年6月23日，邓小平同志作出了扩大派遣留学生的重要指示。改革开放以来，有59.3%的留学人员学成后选择回国发展，他们在促进改革开放和社会主义现代化建设方面起到了重要作用。邓小平对于留学生归来建设祖国寄予厚望，他在一次公开讲话中深情地谈道：“所有出国去学习的人，希望他们都回来……他们能够作出贡献，只有回国，起码国内相信他们，在外国真正相信他们是靠不住的。”

第三，借鉴资本主义先进组织管理方式。管理作为生产力系统中的运筹性要素，在与其他基本要素相结合的过程中，对生产效率的提升起着重大推动作用。在微观层面，列宁认为泰罗制虽是资本主义剥削的最新方法，但这种制度对提升生产效率有着不可忽视的作用。苏维埃应当在依据资本主义向社会主义过渡时期的特点对该制度加以改造的基础上，采用泰罗制提升生产效率；他还主张要积极学习托拉斯组织，“只有那些懂得不向托拉斯的组织者学习就不能建立或实施社会主义的人，才配称为共产主

① 中共中央马克思恩格斯列宁斯大林著作编译局编《列宁全集》第四十卷，人民出版社，2017，第355页。

义者”[1]。战时主义政策实施后，俄国国内面临严重经济、政治危机。因此在宏观层面，列宁果断采取新经济政策，恢复商品生产和货币关系建设社会主义，主张通过租让制、租借制、代购代销制等国家资本主义形式引导俄国向社会主义转变。我国改革开放初期，邓小平认为城市企业内部改革必须借鉴国外相对高效成熟的管理方式，“引进先进技术设备后，一定要按照国际先进的管理方法、先进的经营方法、先进的定额来管理，也就是按照经济规律管理经济”[2]。

## 四、“让一切创造社会财富的源泉充分涌流”

在社会主义社会，提高生产力的直接目的是创造出满足人民需求的社会财富，只有社会财富高度涌现，全体人民共同富裕才有实现的前提。所以，在提高生产力与实现共同富裕二者中间有一个环节——社会财富的充分产出。我国尚处于社会主义初级阶段，如何最大限度地调动一切积极因素创造尽可能充裕的社会总产品，是中国共产党面临的首要任务。随着改革开放和社会主义现代化建设的不断深入，我国的社会结构、经济成分、利益分配和就业方式越来越多样化。因此，党的十六大提出了“让一切创造社会财富的源泉充分涌流”这一重大概念，并指出要“放手让一切劳动、知识、技术、管理和资本的活力竞相迸发，让一切创造社会财富的源泉充分涌流，以造福于人民”[3]。这对于社会主义市场经济改革、社会主义初级阶段解放和发展生产力、实现全体人民共同富裕具有重大理论意义。

一方面，丰富发展了马克思主义劳动价值论。它立足于社会主义初级阶段的现实，区分了价值创造的源泉和财富形成的源泉，为生产要素按贡献参与分配原则的确立扫清了理论上的障碍；区分了资本的阶级属性和资本的技术属性，澄清了长期困扰人们思想认识的“剥削”问题[4]，有利于正视资本对解放发展生产力、提高资源配置效率的积极作用。另一方面，为共同富裕开辟了新的道路。它把人们致富的意愿、现阶段我国事业发展的

① 中共中央马克思恩格斯列宁斯大林著作编译局编《列宁全集》第三十四卷，人民出版社，2017，第289页。

② 中共中央文献编辑委员会编《邓小平文选》第二卷，人民出版社，1994，第129-130页。

③ 中共中央文献研究室编《十六大以来重要文献选编（中）》，中央文献出版社，2006，第726-727页。

④ 胡淑晶：《让一切创造社会财富的源泉充分涌流的体制基础》，《甘肃社会科学》2003年第6期。

需要以及社会主义的最终目标有机地结合起来。在社会主义初级阶段，共同富裕是一个有先有后、先富带后富的动态过程。不同的劳动者拥有不同的生产要素，要调动每个劳动者的生产积极性，让拥有知识、技术、管理才能的劳动者充分实现自我，并为社会创造尽可能多的财富，增加社会财富总量，最终达到共同富裕。

自十六大以来，“让一切创造社会财富的源泉充分涌流”的战略思想得到了充分的贯彻实施，并取得了重大成就。其中最明显的成就便是规模可观的城市中产阶级的涌现。党的十八届三中全会提出，要着力提高中等收入群体的比例，不断缩小现阶段存在的各种收入差距，逐步构建“橄榄型”分配格局。“橄榄型”分配格局意味着中等收入群体将占主体，低收入和高收入群体比重将减少，能有效防止贫富分化，逐步达到共同富裕，促进社会公平正义。近年来，我国中等收入群体比重保持稳定增长。截至 2019 年底，中国中等收入群体已超过 4 亿人[①]，约占全国人口的 30%，占世界中等收入群体的 40% 左右，是全球规模最大的中等收入群体。我国中等收入群体呈现出如此蓬勃的发展态势，得益于党中央“让一切创造社会财富的源泉充分涌流”的重大战略思想。党的十九届四中全会提出“劳动、资本、土地、知识、技术、管理、数据”七大生产要素，进一步拓展了生产要素的内涵，在新发展阶段，必将有效促进生产力的进一步解放和发展。

## 第三节　坚持公有制是实现共同富裕的制度保障

提高生产力，尽可能多地创造社会财富，这固然是共同富裕的重要前提，但是如果先进的生产力由一小部分人所掌握，社会产品归属于占人口极小比例的资产阶级，那么就会造成资产阶级范围内的“共同富裕”，而全体社会成员的共同富裕则无从谈起。这就是资本主义社会的最大弊端。因此，只有以生产资料公有制代替私有制，才能从源头上消除两极分化的制度基础。在社会主义建设的具体实践中，要毫不动摇地坚持生产资料公有制，这是社会主义的基本特征。但是生产资料公有制的实现形式，要根

---

① 李慧：《中国中等收入群体已超 4 亿 中等收入大军如何“扩群”》，《决策探索（上）》2021 年第 9 期。

据生产力的发展程度和社会发展阶段调整，而忽视基本国情、主观拔高生产关系，则会在社会主义建设过程中走弯路。所以应在坚持生产资料公有制的前提下，适时调整公有制的实现形式，使生产关系适应生产力的发展，促进社会向前发展。

## 一、生产资料公有制是实现共同富裕的必要前提

物质资料生产活动是劳动力与生产资料的结合。劳动力是任何具有正常智力与体力的人都拥有的，所以经济社会中的关键之处就在于物质生产资料的占有权。占有生产资料的阶级在物质生产和产品分配中处于优势地位。恩格斯精辟地总结道："迄今的一切革命，都是为了保护一种所有制而反对另一种所有制的革命。"[①] 而占有生产资料的阶级，就有能够凭借占有的生产资料来无偿地占有丧失生产资料阶级劳动的产品，这就是阶级社会的重要特征——剥削。

依照马克思主义政治经济学的经典原理，在资本主义社会中，资产阶级占有生产资料，如何生产以及生产什么全部都由资本家决定，生产出来的产品也属于资本家个人，而劳动者则因丧失了生产资料而处于被剥削的悲惨处境。生产的社会化程度的不断加深，客观上要求全社会占有生产资料，这时生产形式与占有形式之间就产生了矛盾，生产社会化与生产资料资本主义私人占有之间的矛盾就成了资本主义的基本矛盾。这一矛盾贯穿资本主义发展过程的始终，虽然有时能够缓和，但在资本主义制度范围内无法根本解决。要解决这一矛盾，必须改变生产资料占有方式，按照生产力发展的要求，变革生产资料所有制，生产资料公有制是资本主义的固有矛盾自身无法调和的必然趋势。

在未来的共产主义社会里，由于劳动者共同占有生产资料，人们在生产资料面前是平等的，不存在私人占有或某一特权阶级霸占生产资料从而无偿占有他人的劳动产品的情况，这就为消灭剥削奠定了制度基础。公有制取代私有制具有双重作用。其一，能够进一步解放生产力，促进生产力的持续发展，符合历史发展规律；其二，公有制意味着全体人民平等地占有生产资料，也就消除了两极分化的根源，是保障全体人民共同富裕的制

① 中共中央马克思恩格斯列宁斯大林著作编译局编《马克思恩格斯选集》第四卷，人民出版社，2012，第 129 页。

度基础，促进社会的公平正义。

巴黎公社是人类历史上第一次生产资料公有制的实践，尽管巴黎公社仅仅存在了 72 天，但是它对于整个科学社会主义运动的理论和实践意义是重大的。马克思在《法兰西内战》中肯定了巴黎公社的生产性质："它是想要把现在主要用作奴役和剥削劳动的手段的生产资料，即土地和资本完全变成自由的和联合的劳动的工具。"① 这个"自由的和联合的"生产性质，就是生产资料由全体社会成员占有的社会主义公有制。

苏联与中国的社会主义实践，依次在本国内实现了生产资料公有制，并在当时促进了生产力的发展和人民生活水平的提高。列宁、毛泽东和邓小平等社会主义运动领导人都认为生产资料公有制是社会主义区别于资本主义的显著特征，并始终坚持公有制。列宁认为只有实现公有制才能消灭剥削，"要终止资本对劳动的剥削，只有采取一种手段，就是消灭劳动工具的私有制，所有工厂和矿山以及所有大地产等等都归整个社会所有"②。毛泽东十分重视农民的共同富裕，他认为土地私有是对小农经济的重复，也容易在农村滋生资本主义，因此"全国大多数农民，为了摆脱贫困，改善生活，为了抵御灾荒，只有联合起来，向社会主义大道前进，才能达到目的"③。邓小平认为社会主义的根本原则就是"一个公有制占主体，一个共同富裕"④。所以，在社会主义建设和改革开放过程中，毫不动摇地坚持生产资料公有制，是防止社会主义变质、防止两极分化的根本保证。

## 二、公有制的具体实现形式应适应社会经济发展阶段（共同富裕）

消灭私有制、建立公有制是共产主义的基本原则。但是按照马克思、恩格斯的观点，彻底消灭私有制和完全建立公有制，是一个漫长的历史过程，是需要量变的积累最终才能实现的质变。恩格斯在《共产主义原理》中对彻底消灭私有制的前提条件以及实现方式作出基本规定，"只能逐步

① 中共中央马克思恩格斯列宁斯大林著作编译局编《马克思恩格斯选集》第三卷，人民出版社，2012，第 102-103 页。

② 中共中央马克思恩格斯列宁斯大林著作编译局编《列宁全集》第二卷，人民出版社，2013，第 81 页。

③ 中共中央文献研究室编《毛泽东思想年编：1921—1975》，中央文献出版社，2011，第 784 页。

④ 中共中央文献编辑委员会编《邓小平文选》第三卷，人民出版社，1993，第 111 页。

改造现今社会，只有创造了所必需的大量生产资料之后，才能废除私有制”[①]。因此公有制并不能指望“一下子”完全实现，这在理论上说不通，在实践上也行不通。列宁也在遭遇“战时共产主义”危机之后，创新了公有制的实现形式，采用了“新经济政策”，停止了直接过渡策略，不再实行纯而又纯的公有制，而是以公有经济为主体，利用受国家监督的私有经济来发展社会主义经济。

公有制实现形式的创新在我国改革开放事业中可谓体现得淋漓尽致，不仅取得了实践上的重大成效，而且极大地丰富和发展了科学社会主义理论。党的十五大将“公有制为主体，多种所有制经济共同发展”确立为我国社会主义初级阶段的基本经济制度。首先要正确认识到我国所处历史阶段实行这一制度的基本内涵。第一，这是社会主义初级阶段的特殊现象，并不是说社会主义制度的经济基础是多种所有制经济。第二，在多种所有制经济共同发展的条件下，必须坚持公有制经济的主体地位，这是我们保持社会主义性质的根本保证。第三，在社会主义初级阶段，非公有制经济只能是社会主义经济的补充，只能处于辅助地位[②]。所以，坚持公有制为主体，多种所有制经济共同发展的基本经济制度并不是“走资”，也不是“倒退”，而是适应经济社会发展阶段的具体实现形式的创新，非公有制经济永远不可能取代公有制经济的主体地位。

在社会主义初级阶段，我国的生产力水平决定了非公有制经济存在的必要性。在非公有制经济中，效率是第一位的，实行“按生产要素分配”的分配方式充分调动人们的生产积极性，使社会上每个经济细胞都活跃起来。人们在利益驱动下，充分发挥自身的聪明才智，创造尽可能多的财富，客观上增加了社会财富的总量。四十多年的实践已经证明，非公有制经济在解决我国就业问题、增加国家税收、释放经济活力、提高人民生活水平等方面作出了巨大贡献。当然，非公有制经济在有效促进社会主义市场经济发展的同时，对贫富差距的拉大有不可推脱的责任，影响了共同富裕的实现。但总体来说，发展非公有制经济利大于弊，我们要支持、引导其健康发展，对其进行正确的引导，使其积极承担社会责任，先富带动后

① 中共中央马克思恩格斯列宁斯大林著作编译局编《马克思恩格斯选集》第一卷，人民出版社，2012，第 304 页。

② 周新城:《刍议生产资料公有制》,《延安大学学报》(社会科学版) 2020 年第 1 期。

富，在社会主义制度的范围内合理发展，减少不利影响。

值得注意的是，自改革开放以来，我国公有制经济的质量有了大幅提高，但其数量却呈现下降趋势。现如今，在企业数量和经济总量上，非公有制经济已经远远超过了公有制经济，在这种态势下，公有制经济在“量”上的主体地位值得商榷。所以在新发展阶段，要把握好公有和非公有经济的辩证关系，使二者统一于社会主义初级阶段的生产力的提高和全体人民的共同富裕。既要保护非公有制企业的法律地位，确保其合法经营，更要守住公有制经济所占比重的底线，保证公有制经济的主体地位不动摇，以更好地推动共同富裕取得明显的实质性进展。

## 三、按劳分配是生产资料公有制的必然结果

唯物史观认为生产资料所有制关系、生产中人与人的关系和产品分配关系是生产关系的三大构成要素。生产资料所有制关系在其中处于基础性、决定性地位，因此生产资料所有制的性质决定产品分配的方式。在马克思、恩格斯所描述的社会主义社会中，私有制被历史性地消灭，私人资本也将在“历史中产生、在历史中消亡”。因而资本与劳动的剥削关系也被打破，劳动不再从属于私人资本，劳动力的价值实现不再需要经过私人资本这一“剥削性中介”，劳动力商品属性完全不复存在。因而在按劳分配的制度下，劳动者作为人的尊严和本质得以阶段性复归。这里的复归之所以呈现“阶段性”特征，是由于在马克思看来，按劳分配尽管克服了资本主义分配方式的非正义性，但是这种进步“总还是被限制在一个资产阶级的框框里”①，因为“劳动者的不同等的个人天赋，从而不同等的工作能力，是天然特权”②，只有到了共产主义社会高级阶段，“才能完全超出资产阶级权利的狭隘眼界，社会才能在自己的旗帜上写上：各尽所能，按需分配！”③

马克思在其晚年著作《哥达纲领批判》中对社会主义社会中按劳分配的内容作出基本规定，即“他（每一个生产者）以一种形式给予社会的劳

---

① 中共中央马克思恩格斯列宁斯大林著作编译局编《马克思恩格斯选集》第三卷，人民出版社，2012，第364页。

② 同上。

③ 同上书，第365页。

动量，又以另一种形式领回来”[1]，“他从社会领得一张凭证，证明他提供了多少劳动，他根据这张凭证从社会储存中领得一份耗费同等劳动量的消费资料”[2]。按劳分配的原则将劳动者的产品质量和数量作为分配个人消费品的标准，这意味着在社会主义社会中仍然存在贫富差距，但是这种差距不至于导致悬殊的两极分化，因为每个人的智力和体力各有不同，但不至于相差几百几千倍。所以在按劳分配的原则下，不会出现封建社会富者田连阡陌、贫者无立锥之地的情形，也不会出现资本主义社会中一边是充满现代感的高楼大厦，而另一边是脏乱差的贫民窟的场景。按劳分配是公有制条件下既能够调动劳动者的生产积极性，又能体现社会公平的分配制度，是实现共同富裕的必要制度安排。

从我国现实来看，正如前文所述，公有制经济数量在国民经济体系中的比重已不占优势，其主体地位有待商榷。由此得出按劳分配的主体地位更加值得探讨。因为按劳分配仅存在于公有制企业，在国企数量不断缩减，机械化和自动化水平不断提高的趋势下，其能够吸收的劳动力也必然是越来越有限的。那么在“按劳分配”与“按劳动要素分配”这两套平行分配系统中，按劳分配促进全体人民共同富裕的作用又如何体现呢？这是当代马克思主义亟待探索、研究和回答的现实问题和理论问题。

## 四、“共有共建共享”必须贯穿共同富裕的全过程

坚持公有制经济的主体地位是实现全体人民共同富裕的制度性前提，而共建和共享同样是共同富裕的关键环节，如果社会主义没有全体人民共同建设，就没有充裕的物质和精神文明；如果物质和精神财富不能由全体人民共同享有，那么社会主义的优越性则无从体现。所以必须将“共有”“共建”和“共享”各个环节贯穿于共同富裕的全过程。

首先，“共有”体现社会主义国家性质。在之前的分析中，笔者相对完备地论述了马克思主义公有制的思想理论基础、我国公有制的实现形式与基本经济制度的基本概况。生产资料公有制是社会主义的重要特征，但其实现形式应随社会经济发展状况加以创新。所以在任何时候都不能削弱

---

① 中共中央马克思恩格斯列宁斯大林著作编译局编《马克思恩格斯选集》第三卷，人民出版社，2012，第363页。

② 同上。

公有制经济的主体地位，它同共同富裕一样，也是“体现社会主义本质的一个东西”[①]。

其次，“共建”体现人民群众的主体地位。实现共同富裕必须有强有力的主体全面参与。依据唯物史观，人民群众是历史的主体，是物质财富、精神财富的创造者，是社会变革的决定力量。在当下朝着共同富裕的目标前进，“共建”是十分关键的环节，要解决如何发挥人民群众的创造能力、调动人的内在潜力的问题；要解决如何发挥中国共产党的领导作用、发挥政府的服务管理作用，协调好计划与市场的关系的问题；要解决如何最广泛地凝聚起每一个中华儿女的力量和智慧，形成合力全面建设社会主义现代化强国的问题。改革开放能释放出前所未有的经济活力的根本原因，就在于其充分调动起每一个劳动者的积极性。确立不同社会主体在共建社会主义国家中的平等主体地位，是实现公平、有序、高效共建的前提。当今中国，社会阶层结构日益复杂多样。企业家、职业经理人、自由职业者、个体工商户等新社会群体人数仍然呈上升趋势，他们不仅是生产要素的所有者，也是社会财富和就业机会的创造者，更是中国特色社会主义事业的推动者和建设者。他们在促进社会共同富裕中已经发挥并将继续发挥重要的作用。所以新发展阶段中的共同富裕不仅要靠传统的农民、工人、知识分子阶层共同建设，同时也要发挥社会新兴阶层的作用，为在21世纪中叶基本实现全体人民共同富裕汇聚磅礴力量。

最后，“共享”体现公平正义的价值追求。“共享”是五大新发展理念之一，是习近平新时代中国特色社会主义思想的重要组成部分。促进社会公平正义，确立人民群众的受益主体地位，共同享有经济社会发展的成果，是“共有”和“共建”的最终目标。相对于“共建”而言，目前我国在“共享”上仍有巨大的改善空间。如改革发展的成果与代价的分配不合理，一些群体占有了大量利益分配格局改革的利好，而另一些群体则更多承担了改革的成本；医疗、教育等优质公共资源偏向城市特别是大城市，而广袤的农村几乎享受不到公共产品，基本公共服务的不均等依旧存在；资本利得和劳动利得相差悬殊……因此，在新的发展阶段要更加注重“共享”机制的建设，努力让改革朝着公平正义的方向发展。一方面，要构建合理有序的初次分配格局，提高劳动报酬在初次分配中的比重，在保持经

① 中共中央文献编辑委员会编《邓小平文选》第三卷，人民出版社，1993，第364页。

济效益和社会活力的同时，秉持“提低、扩中、调高、取非”的分配原则，并在二次、三次分配上倾向于弱势群体，促进社会公平。另一方面，要进一步统筹城乡区域发展，大力推进城乡融合发展、区域对口帮扶，解决不平衡的发展这一突出问题。

## 第四节　实现共同富裕是一个历史过程

实现共同富裕是一个长期的历史过程。在马克思看来，只有共产主义能够彻底消除贫富差距，在真正意义上实现社会的公平正义，实现全人类的解放和幸福。尽管共同富裕必然会实现，但是这并不意味着贫富差距会在短期内自行消失，应充分估计到共同富裕实现的艰难性、长期性和阶段性。在《哥达纲领批判》中，马克思对共产主义实现的长期性作了充分的估计，认为到达理想的彼岸要经过两个阶段。在共产主义第一阶段的社会主义，不充分发展的生产力和未全面提高的人的素质仍制约着社会面貌和发展水平，即社会主义阶段仍要受制于“物的依赖性”，“按劳分配”的分配制度规定背后隐含了生活资料分配结果上必定存在差别。只有到共产主义社会才能真正摆脱物的依赖性，真正做到“按需分配”，达到完全意义上的全体社会成员共同富裕。

在社会主义初级阶段，实现共同富裕不能犯急于求成的错误，不能做跨越历史阶段的事情。共同富裕并不是要搞平均主义，同步富裕和同等富裕在理论上是不可能的，在现实中是有害的。因此要遵循邓小平制定的“先富带动后富”方针，处理好“先富”与“后富”的关系，并逐步细化和明晰我国实现共同富裕的目标规划，在发展中丰富共同富裕的内涵，在实践中把握实现共同富裕的规律。

### 一、战略构想：先富带动后富

鉴于十年“文革”中在共同富裕道路上出现的“平均主义”的失误，党的十一届三中全会后，以邓小平同志为主要代表的中国共产党人重新审视我国经济发展所面临的世情党情社情，基于社会主义初级阶段的基本国情，创造性地提出“先富带动后富”、最终实现共同富裕的战略思想。邓小平曾说“这是一个大政策，一个能够影响和带动整个国民经济的政策”[①]。自此共同富裕成为改革开放事业题中之义和必然要求。邓小平认为，贫穷不是社会主义的本质，“同步富裕”也不符合科学社会主义的发展规律。邓小平从我国生产力发展水平和人民生活需要的现实出发，提出“先富带动后富，逐步实现共同富裕”的战略途径，并将共同富裕上升到社会主义本质的高度。这标志着中国共产党逐渐摸索出了一条符合中国国情、具有中国特色的共同富裕道路，从此开启了中国特色社会主义共同富裕的伟大实践。

“先富带动后富”这一战略不仅仅是工具手段层面上的必要举措，还是价值目标层面上的必然要求，是工具理性和价值理性的高度统一。这一战略提出的时候，还只是一种理论意义上的设想。这种方案与计划是否正确，不是一个理论问题而是一个实践问题，必须经过实践检验，也只有在实践过程中，它的能量才能够得以尽然发挥。经过了四十多年的实践，事实证明了该政策的正确性，固守平均主义就是固守贫穷与落后，就是固守世界格局中的弱势地位。“先富”政策大大解放了人民思想，扫除了解放发展社会主义生产力的最大障碍。它为建设社会主义提供了一个成功的案例，为生产力相对落后国家的经济崛起提供了一个成功的案例。“先富”政策富裕了中国，影响了世界。它发展了科学社会主义理论，为中国特色社会主义建设打开了更为广阔的空间。

然而，走向共同富裕之路是一个辉煌而艰难的过程。在一个人口众多、经济基础薄弱的东方大国实现共同富裕不可能一蹴而就，也不可能一帆风顺。在“先富带动后富”的方针实施中，遇到了一系列问题，先富与后富面临相互分离的危险。对此，邓小平早有预判，“共同致富……将来总有一天要成为中心课题”[②]。非公有制经济的壮大和发展使一些人能够凭借对少量生产资料的占有获取别人的劳动成果；激烈的市场竞争会遵循优胜劣汰的法则自发地趋向垄断；特别是在当前经济政治体制改革的过渡时期，有人会钻法规、制度不健全的空子，大发不义之财；发达地区和城市凭借其优质的公共服务、基础设施和发展机会吸引大量资金、劳动力的涌入，造成落后地区和农村的衰败与空心化……因此我们必须清醒地认识到

① 中共中央文献编辑委员会编《邓小平文选》第二卷，人民出版社，1994，第152页。

② 中共中央文献编辑委员会编《邓小平文选》第三卷，人民出版社，1993，第364页。

这种需要我们在实践中不断克服的困难障碍和消极因素，才能在社会主义市场经济条件下，实现部分先富与共同富裕具体的历史的统一。

庆幸的是，自21世纪初，党中央逐渐开始了由先富到后富的战略转换。以江泽民同志为主要代表的中国共产党人继续坚持共同富裕道路，在继续支持东部地区率先发展的同时，提出党和国家的战略重心要逐步移向欠发达地区，努力缩小我国地区间发展差距，明确了人的全面发展是共同富裕的最终落脚点。以胡锦涛同志为主要代表的中国共产党人以科学发展观为指导，更加注重社会公平，提出区域协调发展战略和社会主义新农村建设思想，将共同富裕的思想贯彻到缩小区域间、城乡间贫富差距的实践当中，实质上开启了“平衡富裕—非平衡富裕—再平衡富裕”的战略性转折。十八大以来，以习近平同志为核心的党中央将脱贫攻坚、共同富裕放在更加突出的位置，这都是对“先富带动后富”战略构想的践行，都是对在改革开放过程中产生的两极分化趋势所作的坚决斗争。

## 二、阶段目标：共同富裕取得明显的实质性进展与基本实现共同富裕

中国共产党历来重视对国家发展的战略规划，站在全局的高度以历史的眼光谋划改革发展、内政外交等方面的事业。对于共同富裕这一关乎人民幸福、民族振兴以及社会主义现代化建设的成功的关键问题，中国共产党同样作出了时间表、规划图和任务书，并随着人民群众对美好生活的需要、社会经济发展具体状况作出时间上的调整与内涵上的完善，朝着实现共同富裕的最终目标持续发力。

邓小平不仅是改革开放的“总设计师”，也是共同富裕的“总规划师”。1987年4月，邓小平在会见香港特别行政区基本法起草委员会委员时的讲话中，初步提出实现共同富裕的阶段性构想，即在20世纪末和21世纪中叶分别实现“人民生活普遍提高的小康社会”和“人民生活也好了”的“中等发达的国家”①。同年10月，党的十三大将邓小平的“三步走”构想明确下来，作为实现社会主义现代化的基本战略：第一步，从1981年到1990年解决人民的温饱问题；第二步，从1991年到20世纪末，

① 中共中央文献编辑委员会编《邓小平文选》第三卷，人民出版社，1993，第216页。

达到小康水平；第三步，到 21 世纪中叶，达到中等发达国家水平，基本实现现代化。其实这里的“现代化”目标构想一定程度上也可以看作实现共同富裕的目标构想。因为在邓小平看来，社会主义的本质是共同富裕，而我们的现代化是社会主义现代化，所以到 2049 年基本实现现代化，也就基本实现了共同富裕。邓小平关于实现共同富裕的阶段目标部署为我国社会主义共同富裕事业提供了基本框架。

为了更好地实现第三步战略目标，根据邓小平关于有步骤、分阶段地实现我国现代化的战略思想，江泽民在 1997 年党的十五大报告中将邓小平“三步走”战略中的第三步进一步具体化，提出了共同富裕的“新三步走”战略。第一步，2001—2010 年，使人民的小康生活更加宽裕，形成比较完善的社会主义市场经济体制；第二步，2011—2020 年，到建党一百年时，使国民经济更加发展，各项制度更加完善；第三步，到 21 世纪中叶建国一百年时，基本实现现代化，建成富强民主文明的社会主义国家。

在综合分析国内外形势和我国经济社会发展程度的基础上，习近平总书记在党的十九大报告中提出了全面建设社会主义现代化国家的“两步走”安排。与此相对应，共同富裕也分两步走基本实现，即到 2035 年，人民生活更为宽裕，全体人民共同富裕迈出坚实步伐；到本世纪中叶，全体人民共同富裕基本实现，我国人民将享有更加幸福安康的生活。习近平总书记的共同富裕“两步走”安排在时间上更加细化，目标更为明晰。

党的十九届五中全会发布了新发展阶段上共同富裕的“宣言书”。《中共中央关于制定国民经济和社会发展第十四个五年规划和二〇三五年远景目标的建议》中，明确将“全体人民共同富裕取得更为明显的实质性进展”作为 2035 年全面建设社会主义现代化国家的目标之一。习近平在《关于〈中共中央关于制定国民经济和社会发展第十四个五年规划和二〇三五年远景目标的建议〉的说明》中，大篇幅地谈及共同富裕。他认为《建议》对共同富裕提出了新的要求和举措，这“在党的全会文件中还是第一次”。现在看来，共同富裕即将成为党和国家的“中心课题”。

## 三、客体指向：物质与精神的双重富裕

对于马克思主义共同富裕思想，学界的研究和讨论往往只局限于物质方面，将共同富裕作为一个经济和分配领域的问题，而忽略了“精神富裕”这一向度。其实马克思主义经典作家对于人民群众的物质富裕和精神富裕也做过深刻的论述，综合这些论述，我们可以认为，马克思主义的“精神富裕”就是指人民精神道德境界的提高、文化教育事业的发展、社会风气积极向上、人与人的社会关系融洽等。

列宁认为，虽然俄国在政治上已经建立了社会主义国家，但是工人与农民的精神文明程度仍然处于一个相当低的层次，远远够不上直接过渡到社会主义的程度。所以，要实现真正意义上的、完整的共同富裕，必须加强文化建设，重视文化教育，使人的素质达到与社会主义相适应的水平。他指出：“当我们有文盲的时候是不能实现电气化的。……我们……应该努力扫除文盲。……劳动人民不但要识字，还要有文化，有觉悟，有教养。”①因此，列宁非常重视文化教育，在当时俄国财政十分困难的情况下，也要求缩减其他开支，增加文化教育投入，并且把教师置于在资本主义社会不可能达到的崇高地位。“不提高人民教师的地位，就谈不上任何文化，既谈不上无产阶级文化，甚至也谈不上资产阶级文化”②。在他看来，不仅要提高党员的文化素质，还要提高农民的文化素质，而且还要加强城乡联系，通过无产阶级的先进文化来带动农村地区的文化发展，通过党员的模范作用来带动农民。此外，列宁还要求国家管理人员要不断学习现代管理知识和现代科学技术，逐步培养与现代化相适应的素质。

毛泽东十分重视文艺作品对人民群众精神改造的巨大作用。毛泽东《在延安文艺座谈会上的讲话》中提出了文艺创作“为什么人”的问题：“我们的文学艺术都是为人民大众的，首先是为工农兵的，为工农兵而创作，为工农兵所利用的。”③此外，他还提出了著名的发展文化事业的“双百方针”，“百花齐放、百家争鸣的方针，是促进艺术发展和科学进步的方

---

① 中共中央马克思恩格斯列宁斯大林著作编译局编《列宁选集》第四卷，人民出版社，1972，第400页。

② 同上书，第677页。

③ 中共中央文献研究室编《毛泽东著作专题摘编》（下），中央文献出版社，2003，第1600页。

针，是促进我国的社会主义文化繁荣的方针”①。

邓小平是精神文明这一概念的提出者，我们未来要实现的共同富裕，不单单是物质财富的富裕，也是精神财富的富裕。当物质文明建设取得一些成绩之后，如果没有一定程度的精神文明与之相适应，那么共同富裕的道路将会出现偏差。由于人们的精神文明需要不能得到满足，因此一系列不和谐因素将会出现。根据马克思主义“物质决定意识”这一基本原理，我们走社会主义道路，应该优先发展物质文明。这是建设社会主义精神文明、实现人民“精神富裕”的物质基础。但是精神文明建设本身不应被忽视。尤其是在现代社会，人们对科学技术、文化教育等因素极其关注，人们对精神文化的需要是非常迫切的。因此邓小平说道：“我们要在建设高度物质文明的同时……建设高度的社会主义精神文明。”②因此，高度的物质文明和高度的精神文明，不仅仅是我国社会主义现代化的重要目标，也是我国实现共同富裕的内在要求。尤其在当下人民物质生活水平日益提高的背景下，加强文化基础设施建设，让城乡居民广泛享有免费的基本公共文化服务，满足人民精神需求，具有重大的时代意义。

## 四、先行示范：设立浙江共同富裕示范区

设立示范性的试点，通常是指对一项工作已经有了一定的理论依据，但因其属于新生事物，对具体实施和做法尚不明确，通过试点来探索做法，取得突破、总结经验、吸取教训，以便为日后推广作出示范，目的是解决好将来做与不做或如何做的问题。设立示范区是一种讲究科学、尊重实践、行之有效、颇具中国特色的工作方法。它在深化认识、积累经验、指导和推动工作等方面都有着不可替代的作用。例如在改革开放之初，对外开放的决策并不是“一下子”在全国范围内铺开，而是通过率先开放深圳、珠海、汕头、厦门四个试点先行实践。进行示范性试点的作用是：如果取得积极成果，则能够产生巨大的示范性作用，有利于总结经验，逐渐向全国推行；如果出现与政策初衷相违背的不良后果，则有相对较大的回旋余地，及时止损，不致造成颠覆性的、不可挽回的错误。

关于共同富裕，党中央和国务院同样延续邓小平同志“摸着石头过

① 中共中央文献研究室编《毛泽东文集》第七卷，人民出版社，1999，第 229 页。

② 中共中央文献编辑委员会编《邓小平文选》第二卷，人民出版社，1994，第 208 页。

河”的试点思想。选择的示范区不是一个县、一个区，或者一个市，而是一个有 6 500 万人口的大省——浙江省。2021 年 5 月 20 日，《中共中央 国务院关于支持浙江高质量发展建设共同富裕示范区的意见》（以下简称《意见》），明确了浙江高质量发展高品质生活先行区、城乡区域协调发展引领区、收入分配制度改革试验区、文明和谐美丽家园展示区等四个战略定位。这是继 2019 年 8 月 18 日深圳获批“中国特色社会主义先行示范区”，2020 年 11 月 12 日浦东被确立为“社会主义现代化建设引领区”之后，中央赋予浙江的重要示范改革任务，冀望其先行先试、作出示范，为全国推动共同富裕提供省域范例。《意见》指出，到 2025 年，浙江省推动高质量发展建设共同富裕示范区取得明显实质性进展；到 2035 年，浙江省高质量发展取得更大成就，基本实现共同富裕。根据文件对于浙江省实现共同富裕在时间上的“两步走”战略安排的表述，我们发现这比十九大上我国实现共同富裕的战略安排分别提前了 10 年。也就是说，2025 年我们就可以通过浙江看到共同富裕取得更为明显实质性进展的生活水平与富裕程度；2035 年我们就可以在浙江看到一幅完成了社会主义现代化建设和基本实现共同富裕的伟大复兴的中国画卷！这对于鼓舞全国人民撸起袖子加油干，为创造美好生活和社会主义现代化国家而努力的斗志，具有重大示范效果和促进意义。

关于共同富裕示范区为什么要选在浙江省，主要有以下几个方面的考虑。其一，浙江省具有雄厚的经济基础。浙江省总体 GDP（国内生产总值）位居全国第四，仅次于广东、江苏、山东；浙江人均 GDP 居于全国第三，仅次于北京、上海。浙江的制造业丰富，一个县城往往能够形成黏性极强的产业链上下游集群。浙江还大力推进国家数字经济创新发展试验区建设，以“互联网 +”科技创新为核心的数字经济成为浙江“金名片”。所以综合来看，浙江拥有较高的 GDP，还拥有发达的实体产业，这使得浙江具有作为示范区的物质基础。其二，浙江省贫富差距全国最小。浙江的 11 个地级市当中有 10 个人均 GDP 超过全国平均水平；而且浙江的城乡居民收入倍差为 1.96，远低于全国的 2.56。其三，浙江的创新意识较为浓烈，这与浙江发达的民营经济有一定的相关性。据统计，浙江超过九成的企业都是民营企业，创造了当地超过七成的税收。此外，浙江各地政府努力营造“亲清型”政商关系，探索创造了“最多跑一次”等多项改革先进经验，从民间到官方普遍具有强烈的改革创新意识，便于大胆探索和及时总结提炼共同富裕示范区建设的成功经验和制度模式。

《意见》关于支持浙江高质量发展建设共同富裕示范区明确了六大发展举措，涉及高质量发展、分配制度改革、缩小城乡差距、丰富精神文化生活、重视生态保护、优化社会治理，并配套20项详细措施，明确了目标任务和工作抓手，足见党中央对于支持浙江省建立共同富裕示范区的力度之大。总之，支持浙江高质量发展建设共同富裕示范区，具有重大的历史意义和现实意义。第一，有利于通过实践进一步丰富共同富裕思想内涵。建设共同富裕示范区，是中国共产党共同富裕思想的最新实践，将为党的创新理论特别是共同富裕的思想内涵提供丰富理论素材和生动实践例证。第二，有利于探索破解新时代社会主要矛盾的有效途径。建设共同富裕示范区，在高质量发展进程中不断满足人民群众对美好生活的新期待，将为破解新时代社会主要矛盾探索出一条成功路径。第三，有利于为全国推动共同富裕提供省域范例。开展示范区建设，能为其他地区分梯次推进、逐步实现全体人民共同富裕作出示范。

## 第五节　人的自由全面发展是共同富裕的价值旨趣

全体人民共同富裕并不是社会主义的终点，也不是社会主义的最高价值。从现实看，共同富裕是发展中国特色社会主义的核心价值追求，是社会主义初级阶段的伟大目标。但从整个共产主义运动和人类社会发展的角度看，实现共同富裕是前提性的要求，每个人的自由全面发展才是马克思主义的最高价值诉求。可以预见，到21世纪中叶共同富裕基本实现之时，生产力仍不能得到完全解放，私有制仍无法彻底消灭，人与人的关系仍然无法摆脱货币关系，人尚不能完全挣脱“物的依赖性”，马克思所批判的那个商品化的世界仍然存在。“仓廪实而知礼节”，只有每个人都有实现自身再生产的充足的物质基础，才会“知荣辱”“知礼节”。当然，如今这个“荣辱”是社会主义荣辱观，这个“礼节”是思想道德素质极大提升的社会成员之间的礼节。因此，人的全面发展虽然是实现共同富裕后的奋斗方向，但是二者绝不是界限明晰、先此后彼的，而是要在实现共同富裕的同时，促进人的全面发展，并以人的素质的全面提升推动共同富裕更好更快地实现。

## 一、实现共同富裕是社会形态完成新飞跃的条件

马克思主义认为，人类社会发展的终极目标是人的自由而全面发展。在《1844 年经济学哲学手稿》《1857—1858 年经济学手稿》《资本论》等经典文本中，马克思基于人的发展状况和解放程度，将人类社会的发展概括为三个形态，即人的依赖的第一大社会形态（资本主义以前的生产方式）、物的依赖的第二大社会形态（资本主义生产方式）和人的自由全面发展的第三大社会形态（共产主义社会）。根据马克思的论述，人的依赖的最初社会形态具有片面的自给的生产能力、原始丰富而缺乏自主的活动、狭隘的地域性的社会联系等特征；物的依赖的第二大社会形态是“形成普遍的社会物质变换、全面的关系、多方面的需要以及全面的能力的体系”[①]，与第一大社会形态相比，人获得了较大程度的独立性和自主性，但这一形态下的独立性不是真正的完全的独立性，而是以商品交换为基础的独立性，是“物役”下的有限的独立性；“建立在个人全面发展和他们共同的、社会的生产能力成为从属于他们的社会财富这一基础上的自由个性，是第三个阶段”[②]，也就是马克思设想的理想社会——共产主义社会。

在马克思看来，人对人的依赖、人对物的依赖、人的自由全面发展这三个社会发展阶段的历史演进，是一个自然历史进程，是人类社会发展的一般规律。发展社会主义的最高目的是实现人的自由全面发展，而人对物的依赖、社会财富的极大丰富和共享，则为人的自由全面发展创造了条件。在第三大社会形态即共产主义社会里，“通过社会化生产，不仅可能保证一切社会成员有富足的和一天比一天充裕的物质生活，而且还可能保证他们的体力和智力获得充分的自由的发展和运用”[③]。这里所说的“一切社会成员有富足的……生活”就是共同富裕。物质上的充裕是人的基本需求层次，人的最高层次的需要则是获得自由和全面的发展，后者正是社会

① 中共中央马克思恩格斯列宁斯大林著作编译局编《马克思恩格斯文集》第八卷，人民出版社，2009，第 52 页。

② 中共中央马克思恩格斯列宁斯大林著作编译局编《马克思恩格斯全集》第三十卷，人民出版社，1995，第 107-108 页。

③ 中共中央马克思恩格斯列宁斯大林著作编译局编《马克思恩格斯选集》第三卷，人民出版社，2012，第 814 页。

主义应当追求的终极价值目标。

目前中国社会处于人的全面发展的初始形态。目前学界普遍认为，社会主义初级阶段，我国还处于“三形态论”中的第二大形态即物的依赖社会，而远未达到人的全面发展社会。事实上，人的发展的第二大形态，即“以物的依赖性为基础的人的独立性”社会，人和人之间的社会关系颠倒地表现出来，表现为物和物之间的社会关系，即异化的关系。中国社会主义制度的建立，实现了所有制关系的根本质变，从根本上消除了异化产生的制度基础。更为重要的是，经过改革开放四十余年的经济发展，我国已经告别了短缺时代，脱贫攻坚战的决定性胜利宣告了困扰中华民族几千年的绝对贫困被彻底消灭。所以，把目前中国特色社会主义社会界定为第二大形态即物的依赖的社会的看法是值得商榷的。笔者认为，从人的发展状态的视角而言，中国特色社会主义正处于人的全面发展的初始形态。这种形态是指已经进入人的全面发展形态，但是人全面发展还没有得以充分、彻底展开和实现的形态①。而到了21世纪中叶全体人民共同富裕基本实现之日，也就是社会主义初级阶段结束之时，如何促进人的自由全面发展必将成为社会的中心课题。

## 二、人的全面发展是共同富裕的价值旨趣

列宁作为首个社会主义国家的创立者，他在建设社会主义的过程中遵循马克思主义的基本理论学说，继承了马克思人的全面发展思想。早在1902年，俄国社会民主工党讨论普列汉诺夫起草的两个党纲草案时，列宁就明确地表达了他对马克思提出的共产主义价值目的思想的重视。列宁认为，普列汉诺夫在第二草案中“有计划地组织社会生产过程来满足整个社会及社会各个成员的需要”一句，不足以体现马克思主义的最高价值，是不完整、不彻底的表述，“不仅满足社会成员的需要，而且保证社会全体成员的充分福利和自由的全面发展，这会更明确些”②。1903年俄国社会民主工党第二次代表大会通过的正式党纲中写进了列宁的思想，明确把人的全面自由发展作为社会主义的目的。

---

① 杨文圣:《马克思社会形态理论的历史生成与当代价值》，中国社会科学出版社，2013，第254页。

② 中共中央马克思恩格斯列宁斯大林著作编译局编《列宁全集》第六卷，人民出版社，2013，第218页。

中国共产党人继承了马克思主义和列宁的人的全面发展思想，并在各个时期根据社会经济发展状况和国情社情对这一思想进行了丰富和发展。

1953 年 6 月，毛泽东在接见中国新民主主义青年团第二次代表大会主席团时的讲话中，首次对广大青年提出了身体好、学习好、工作好的“三好”要求。“三好”要求是针对广大青年提出来的，是从青年这个重要群体出发来思考人的全面发展问题，体现出了中国共产党对于青年全面发展问题的高度重视，从而丰富了马克思主义关于人的全面发展思想。1957 年 2 月，毛泽东指出“应该使受教育者在德育、智育、体育几方面都得到发展，成为有社会主义觉悟的有文化的劳动者”①，从德、智、体三方面规定了人的全面发展的内涵，形成中国共产党初期“三位一体”的人的全面发展观。

进入改革开放的新时期，邓小平适时地提出了社会主义要培养“有理想、有道德、有文化、有纪律”的“四有”新人。这一概念的提出体现出中国共产党对人的全面发展的认识不断深化；1999 年 6 月，在第三次全国教育工作会议上，江泽民强调要提高受教育者的全面素质，并且进一步提出要培养德育、智育、体育、美育全面发展的社会主义事业建设者和接班人，从而将人的全面发展的具体内涵由德、智、体“三位一体”拓展到德、智、体、美“四位一体”；2018 年 9 月 10 日，习近平在全国教育大会上强调“要坚持中国特色社会主义教育发展道路，培养德智体美劳全面发展的社会主义建设者和接班人”②，首次明确将学校的育人目标从“德智体美”进一步拓展为“德智体美劳”。习近平总书记关于人的全面发展的这一全新表述，大大丰富了马克思主义关于人的全面发展的内涵。

基于以上对中国共产党的人的全面发展观的演变的梳理，我们得知中国共产党并没有将人的全面发展作为一个共同富裕实现之后甚至到了共产主义才能够实现的遥不可及的理想彼岸，而是将其作为社会主义发展过程中的内在要求，体现了中国共产党实事求是、以人为本的执政本色。但是值得注意的是，中国共产党的人的全面发展思想是重点针对青少年阶段的成长发展的思想，一定程度上可以归结为中国共产党的教育思想，而没有

---

① 中共中央文献研究室编《毛泽东著作专题摘编》（下），中央文献出版社，2003，第 1633 页。

② 《坚持中国特色社会主义教育发展道路 培养德智体美劳全面发展的社会主义建设者和接班人》，人民日报 2018 年 9 月 10 日，第 1 版。

上升到整个社会、涵盖全体社会成员的人学思想。所以，这与马克思人的自由全面发展本意尚且有所差别。

## 三、新时代的共同富裕必须坚持以人民为中心

以人民为中心是马克思主义的内在灵魂，是建设社会主义现代化国家的价值引导，是新发展阶段坚持共同富裕的根本遵循。共同富裕的主体是全体人民。只有坚持人民主体地位，确立以人民为中心的价值目标，共同富裕才能真正实现。从大的历史视野看，自从私有制产生后，各种社会形态和不同主体的“富裕”一直存在，但都是带有阶级性质的、以大多数人的贫穷为基础的一部分人的“富裕”。中国作为一个社会主义国家，中国共产党作为一个马克思主义执政党，追求的富裕是全体人民的共同富裕，是以人民为中心的共同富裕。

改革开放以来，由于非公有制经济的发展和市场经济的引入，在“效率优先、兼顾公平”的发展思想的指导之下，我国的经济发展与城乡居民收入以及人民生活水平的提高并没有同步。我国的各项社会经济发展政策与人民应有的主体地位发生了一定程度的偏离。2015 年，党的十八届五中全会首次正式提出“以人民为中心”的发展思想。以人民为中心的发展，就是使共同富裕立足于人民。

人民群众不仅是社会物质和精神财富的创造者，更是社会发展变革的推动力量和决定力量，在社会历史发展中具有决定性作用。因此，他们理应成为社会财富的拥有者。我们进行社会生产的最终目的是满足人民群众对美好生活的向往，是为了能更好地保障和改善民生，实现共同富裕，这就是我们的发展目标。只有在以人民为中心的价值立场引领下，我们在共同富裕的实践进程中才能实现发展手段与发展目标的内在统一。一方面，不断创新发展举措是实现发展目标的前提和基础，没有有效的发展举措，共同富裕的目标就无法实现。当前，已被实践证明的最有效的发展举措就是以经济建设为中心，包括不断探索公有制的多种实现形式，推进国有经济优化布局和结构调整，发展混合所有制经济，深化国有企业改革，促进非公有制经济健康发展，深化农村集体产权制度改革等。这些举措在以人民为中心的价值理念引领下，将会更好地促进发展目标的实现。另一方

面，共同富裕的发展目标是制定发展举措的依据和遵循。无论什么样的发展举措，都要为发展目标服务。以人民为中心的价值目标将以经济建设为中心的发展举措推升到了一个全新的高度，包括增进人民福祉，努力健全国家基本公共服务制度体系，树立尽力而为、量力而行的社会保障原则；在实践中注重民生建设，使改革发展成果更多、更公平惠及全体人民等。总之，在发展举措上，坚持以经济建设为中心，在发展目标上，坚持以人民为中心，二者统一于实现共同富裕的伟大征程中。这深刻说明我国在新时代既坚持以经济建设为中心又坚持以人民为中心的发展举措具有严谨的学理依据。在我国，人民既是社会生产实践主体，也是享有发展成果的主体，创新发展举措是人民的责任，共享发展成果是人民的权利。坚持人民主体地位，实现发展举措和发展目标的内在统一，才能促使全体社会成员各司其职、各获其利，彰显社会主义共同富裕的独特优势。

综上所述，马克思主义共同富裕思想始于马克思和恩格斯对资本主义两极分化的批判，并具有明晰的生产力前提和生产关系规定，是一个历史性和阶段性的范畴，它的终极旨趣是人的全面发展。马克思主义共同富裕思想是一个具有深厚思想渊源、厚重历史积淀与深刻实践基础的理论体系，并将随中国特色社会主义伟大实践和国际科学社会主义运动的发展而不断丰富。

# 第三章　共同富裕是中国特色社会主义现代化的重要目标

现代化与摆脱贫困、实现国家富强几乎是同一个历史过程。无论是欧美发达国家，还是发展中国家，无疑都把社会富裕看作现代化的基本要求。然而，资本主义在追求社会富裕的现代化进程中，不可避免地出现了严重的两极分化问题，而共同富裕是中国特色社会主义现代化的重要目标。因此，共同富裕是资本主义与社会主义现代化的不同道路选择和价值分野。

自英国工业革命以来，随着人类文明开始向一种全新的文明形态——资本主义文明发展以来，促进社会生产力的发展方式被人类创造出来，即现代化的发展方式。这一现代化的发展方式在之后的人类社会发展进程中表现出极大的财富创造力，并且它也成为世界各国不断促进自身发展、摆脱社会贫困、实现国家富强的普遍选择。因此，从社会历史发展的规律和实践进程来看，现代化的发展方式与摆脱社会贫困、实现国家富强基本上是处于同一历史发展过程的。要彻底解决社会贫困问题和实现国家富强，唯有采取现代化的发展方式才能实现，至少到现在为止，人类社会发展的历史证明这是目前能够解决问题的最好搭配。

但是需要明白的是，资本主义在发展初期，虽然整个社会财富的积累基本上一直是直线上升的，但是其对社会公平和正义的回馈一再缺席，对工业大发展和资本主义大生产带来的社会普遍贫困问题也缺少同情和关注。而之后在资本主义的发展中之所以开始重视社会贫困等问题，本质上仅仅是为了维护资本主义的统治而已。换句话说，重视和解决贫困问题，不是资本主义统治阶级的主观意愿使然，而是资本主义社会发展的客观状况使然。因为资本主义在追求财富积累的现代化进程中，不可避免地出现了严重的贫富两极分化问题，威胁着资本主义的发展和生存。共同富裕是中国特色社会主义现代化的重要目标。中国共产党自诞生之日起，就将为中国人民谋幸福、为中华民族谋复兴作为自己的初心和使命。这一纯粹的主观意愿是中国特色社会主义现代化事业能够开启的重要原因之一，而客观的中国特色社会主义的发展实际同时也促进了中国贫困问题的解决和中华民族的复兴。因此，资本主义与中国特色社会主义所强调的社会富裕从本质上讲并不是一回事，共同富裕是中国特色社会主义的本质要求，是中国特色社会主义竭力追求实现的重要目标，是与资本主义现代化发展截然不同的价值追求。

## 第一节　摆脱贫困是现代化的基本要求

自人类社会诞生以来，随着社会结构的日益复杂化，在每一个人类社会形态发展过程中，贫困一直是阻碍社会整体进步的主要问题。在很多时候，它不仅威胁着各个社会发展形态中统治阶级的统治地位，同时也影响着整个社会阶层在合理化区间中的发展生存，进而影响社会整体的稳定和国家治理的总体效能。纵观世界发展历史，毫不夸张地讲，现代化的发展方式是目前为止人类能够期望摆脱贫困的最好选择。无论是发达资本主义国家，还是发展中国家，不管它们伊始的主观愿望是什么，缓解贫困，进而摆脱贫困都无一例外地成为国家现代化发展必须重视的问题。也就是说，解决贫困问题是现代化的基本要求。虽然现代化会带来许多实实在在的好处，但首先需要解决贫困问题。不能解决贫困问题的现代化就不是真正的现代化，也是不可能真正持续性存在的现代化。欧美发达资本主义国家的现代化发展道路表明，不论资本主义发展的主观愿望如何，在资本主义发展过程中，如果不能重视社会贫困问题的解决，那么在后期就会带来许多足以影响资本主义发展根基的社会问题，破坏社会、人、自然界三者关系的“合规律性”。而广大的发展中国家，无论是从人类社会形态变迁的历史规律来看，还是从现代化发展产出结果来看，选择现代化的发展方式，都是以实现国家富强为目的而作出的选择，尽管直接目的并不相同。

### 一、社会富裕是发达资本主义国家现代化道路的基本目标

现代化道路的发展是从资本主义国家开始的，但这并不意味着选择现代化的发展道路是资本主义国家主动开启的。而与此恰恰相反，现代化发

展道路的开启是在不知不觉中才出现的，是随着人类生产的扩大和生产工具的不断先进化而出现的。它一经出现，就惊艳了整个人类世界，震撼了人类的普遍心灵，极大地刺激了人类思维的跳跃式发展，更新了人类认识世界和改造世界的实践方式，这种人类历史上从未有过的实践方式达到了当时人们意识所能达到的主要范围。英国作为第一个出现现代化发展方式，并以现代化发展方式取得巨大成功的欧美资本主义发达国家，为之后其他主要的资本主义发达国家和广大发展中国家树立了榜样。尽管英国的现代化发展道路伴随着许多残酷的事实，但其运用现代化生产最终实现国家崛起的发展方式毋庸置疑是具有巨大示范意义的。因此，说它树立了现代化道路发展的榜样，不是因为它在实现国家现代化的过程中采用了圈地运动、殖民侵略等残酷的非人类文明交往方式的资本主义积累方式，而是因为它创新了人类现代化生产的思维方式，更新了人类发展进步的现代化生产工具，促进了科学技术在人类发展进程中的现实转化运用。现代化发展道路同时也变更了社会生产关系，极大地促进了生产力的发展，将人类社会的发展从农业文明带入了工业文明，创造出了巨大的社会财富。正如马克思、恩格斯在《共产党宣言》中所说："资产阶级在它的不到一百年的阶级统治中所创造的生产力，比过去一切世代创造的全部生产力还要多，还要大。"[①] 而资产阶级创造的这一巨大生产力毫无疑问是借助于现代化发展道路才得以实现的。因此，从某种意义上讲，不是资产阶级直接创造了现代化发展道路，而是现代化发展道路成就了资产阶级的成功。现代化发展道路是共性问题，资产阶级则是个性问题。

然而，欧美主要资本主义国家借助现代化发展道路，虽然极大地促进了社会生产力的发展，但是其创造的巨大社会财富并没有回馈全体社会人员的公平正义事业，而仅仅是滞留于对资产阶级无穷占有欲望的满足。欧美主要资本主义国家的现代化发展事实表明，这种对财富的病态追求和毫无底线的满足足以动摇资本主义统治权的稳定，导致社会治理效能的不间断消失，造成严重的贫富两极分化现象，带来不可逆转的许多社会问题。而这些问题最终必将随着资本主义的纵深发展，在人类社会形态变迁中起到向新社会形态的不断跨入的催化剂作用。事实上，以欧美为代表的发达

---

① 中共中央马克思恩格斯列宁斯大林著作编译局编《马克思恩格斯文集》第二卷，人民出版社，2009，第 36 页。

资本主义国家也早已注意到了这个关键症结，在各自的现代化道路发展中，不断采取了许多致力于缩小社会贫富差距和缓解社会各阶层矛盾的政策措施。不得不说，这些发达资本主义国家所采用的方法在一定时间内还是取得了比较多的积极效果。不论各国所依凭的基本原则有多么不同，也不论各国所依据的指导理念有什么不同，但他们期望通过这些各自不同的政策措施来达到维护资本主义统治的目的是一样的。因此，暂且抛开资本主义和社会主义不同内在本质不论，追求社会富裕是以欧美为代表的发达资本主义国家共同的基本目标，至少在追求达到社会表面的整体稳定方面是可以这么说的。换句话说，尽管他们在追求社会富裕过程中的实践程度不尽相同，但在一定时期内其对稳定和发展资本主义依然起到了巨大的作用，取得了比较良好的社会效果。与现代化发展道路是在社会生产方式更新换代的历史进程中自然显现出来的一样，以欧美为代表的发达资本主义国家追求的社会富裕，同样也是在资本主义生产发展不断深入的历史过程中不得不采取的自然措施。也就是说，在主观思维领域内，追求社会富裕并不在其内在规定之中，而是因为客观世界发展的形势所使然。而广大的发展中国家，如果要较快实现国家的富强和民族的振兴，就必须既要坚定借鉴能够普遍产生积极效果的现代化发展道路，同时也要注意从一开始就要将解决民众贫困问题作为重要关注点，而不是像发达资本主义国家那样不得已而为之。

## 二、摆脱贫困是发展中国家现代化道路的必然抉择

20 世纪 60 年代前后，一批西方社会学学者创立了以传统社会进化论为理论基础的“社会现代化理论”。该理论认为：现代化就是由传统社会向现代社会的进化，而这种进化和发展的途径是单线的，发展中国家要想摆脱贫困，早日实现现代化，只有依靠不断输入西方文明的现代化成果，所以，发展中国家的现代化过程也就是“西方化”过程，即所谓的“连续模式”。这种朝向欧美地区社会演进的过程，是立足于满足欧美国家利益的社会学者创建的“经典现代化理论”。这种亦步亦趋的发展模式表明，发展中国家是不能超越发达国家的，发展中国家距离摆脱贫困的日期将遥遥无期。随着广大发展中国家逐渐取得独立，照搬照抄西方发展模式的现

代化道路已经不能满足发展中国家摆脱贫困的需求。经典现代化理论受到了依附理论、世界体系论等理论的挑战。这些理论从经典现代化理论产生的问题入手，从不同的角度对其进行了分析。由于“经典现代化理论”自身的缺陷，以及未能提供给发展中国家适合自身国情的道路。拉美地区的社会学者试图通过走适合国家国情的发展道路，摆脱经济不发达的社会状态。“经典现代化理论”在拉美地区的实践以失败告终。拉美地区社会学者出于对自己国家和地区摆脱贫困、实现现代化的需要，探索出了于20世纪70年代被发展中国家争相效仿的理论学说即“依附理论”。该理论将资本主义世界体系外部作为切入点，探索实现国家经济上的独立、实现社会经济不发达状况的转型的方法。以沃勒斯坦为代表的“世界体系理论”认为，发达国家与发展中国家是从不同的轨道上单线进行的。发展中国家与发达国家相比较，发展中国家可以超越发达国家实现跨越式发展，并最终实现贫困社会的转型。他认为可以通过采取适当的政策推动市场机制的完善以及现代化的技术革新，促进经济结构的转型升级，实现经济与环境长效发展的效果。现代化理论的演进体现了发展中国家对实现现代化道路的不同尝试，其目的是试图从根本上摆脱贫困。

发展中国家在实现现代化的进程中面临着特殊的困境与矛盾，充分探索与揭示发展中国家的基本特征，才能对探索发展中国家现代化道路、摆脱贫困奠定充分的基础。一方面，众多的发展中国家都面临着解决生产结构不平衡、生产力水平低下的问题。发展中国家的生产力水平低下是第一大特征，同时农业占经济结构的比重过大也是亟待解决的问题。另一方面，发展中国家还面临着严重的人口负担问题，导致发展中国家摆脱贫困的后发动力不足。由于生产力水平低下，发展中国家人民面临的重大问题就是解决生活相对贫困化的问题。发展中国家的人均收入水平远不及发达国家的人均收入水平的20%。同时发展中面临着严重的社会矛盾问题，例如住房、治安、环境、医疗、教育等。发展中国家与西方发达国家走向现代化的道路是与众不同的。但最终的任务都在于优先发展经济，促进技术革新，走上工业化的道路，摆脱贫困。发展中国家实现现代化的首要任务就是走出贫困的低谷，解决现代化所面临的特殊矛盾。走出低谷意味着提高人民的富裕程度，消除生产力低下的基本状况。特别是对于非洲，长期以来贫困是阻碍其经济发展的根本问题，同时也是国际社会所关注的热点问题。根据联合国的最新数据报道，非洲集聚着世界上最贫困的人口。要实现非洲地区的现代化，首要的就是解决贫困问题，减少贫困人口。

发展中国家在实现现代化、摆脱贫困的过程中不断效仿学习不同的模式。“西方模式”失败后，“苏联模式”成为发展中国家争相效仿的对象。但由于苏联的工业化受到权力高度集中的制约，最终未能正确地解决国家面临的发展困境与挑战。拉美国家的实践，从侧面打击了“西方模式”，并创建了“拉美奇迹”，并且促进了发展中国家积极探寻适合本国国情现代化发展之路。但是到了 20 世纪 70 年代中期，拉美模式以失败告终。70 年代“亚洲四小龙”崛起，“四小龙”根据自己的特色创造出新颖的现代化发展途径。这又被称为“东亚奇迹”或“东亚模式”。东亚奇迹的产生，标志着东亚部分国家现代化初步取得了胜利。通过不断学习不同模式的优缺点，发展中国家实现现代化的进程逐步加快，摆脱贫困成为必然选择。邓小平曾在会见捷克斯洛伐克总理时提出了“社会主义必须摆脱贫困”的主张。实现中国的现代化，走中国特色的社会主义道路就必须解决困扰人民的关键问题。发展中国家要实现现代化，一个迫切的任务就是逐步减少贫困，解决贫困问题。中国方案为发展中国家摆脱贫困提供了新选择。20 世纪七八十年代，邓小平提出了“中国式的现代化”。“小康”成为中国实现现代化的目标，具有鲜明的中国特色。人民的温饱问题，人民的生活水平问题，都是社会主义现代化建设长期关注的问题。20 世纪末，中国实现了总体小康的目标，摆脱贫困的问题得到了初步的解决。2020 年中国全面建成小康社会，绝对贫困问题基本得到解决。

## 第二节　中国特色社会主义现代化道路的价值取向

五四时期，中国先进的知识分子谈论的“西化”“欧化”指的就是现代化，只不过囿于中国当时的世界角色和国内情形，这种现代化不可避免地带有初期的盲目性。当时的人们认为，“中国要走向独立富强，就只有向西方国家学习，奋起直追，以达到富国强兵的目的。这就是中国人的早期现代化思想”①。

辛亥革命之后不久，五四时期的知识分子开始认识到他们所渴望并为

① 罗荣渠：《现代化新论 世界与中国的现代化进程》（增订版），商务印书馆，2004，第 9 页。

之奋斗的共和政体已经胎死腹中，使这些知识分子感到更为愤怒的是，当时的政客不知廉耻地通过操控儒家传统思想来实现其反动的政治目的。这一切都使他们坚信：中国如果要像西方国家那样变得富裕和强大，首先必须建立一个真正的民主政体，并承认科学的重要性，他们提出民主和科学才能引导中国走向光明的未来，实现国家的富裕和强大。与此同时，受到俄国十月革命影响的另一个群体认为中国应该通过走社会主义道路实现国家的现代化。这两个群体对当时及以后中国的精英阶层产生了重大影响。

中国知识分子关注的焦点在于：要转变为现代化国家，中国所面临的问题是什么，以及怎样才能实现现代化。这一时期，帝国主义扩张和资本主义危机的历史大环境重塑了中国所寻求的现代性话语，因此，那些致力于推动中国现代化的知识分子和政府官员要考虑中国的现代化如何才能避免西方资本主义现代化所衍生的多元化问题。对于中国的知识分子来说，现代化一方面是促使中国走向现代国家，实现富裕和强大的必经之路，另一方面，又是抵制整个西方社会价值，重新审视本民族社会和传统的过程。

## 一、发展是中国特色社会主义现代化道路的硬道理

实现由传统的农业社会向高度发达的现代化社会转变，急需建立符合中国国情的马克思主义社会发展理论，为此邓小平从当代中国所处时代、历史阶段及历史使命出发，对中国社会发展问题提出了许多重要观点。如“中国的主要目标是发展”“发展才是硬道理”“发展自己，关键是发展经济”等一系列科学论断。邓小平把发展问题提高到全局性的战略高度，贯穿于现代化理论的始终，使之成为整个现代化理论中的一个鲜明主题。

纵观当今世界格局的国际形势，邓小平同志以全球战略的眼光精辟地指出：“现在世界上真正大的问题，带全球性的战略问题，一个是和平问题，一个是经济问题或者说发展问题。”① 从而得出了和平与发展成为当今世界两大主题的科学结论。他认为：“应当把发展问题提到全人类的高度来认识，要从这个高度去观察问题和解决问题。只有这样，才会明了发展问题既是发展中国家自己的责任，也是发达国家的责任。”② 发展问题对社会

① 中共中央文献编辑委员会编《邓小平文选》第三卷，人民出版社，1993，第 105 页。

② 同上书，第 282 页。

主义也是一个生死攸关的问题。邓小平同志强调，贫穷不是社会主义，发展太慢也不是社会主义，社会主义的根本任务是发展生产力，逐步摆脱贫穷，使国家富强起来，使人民共同富裕。因此，发展不仅关系到中华民族的独立和国家主权的维护，关系到人民生活的提高和社会的昌盛，同时也关系到社会主义事业的兴衰成败。邓小平同志简明扼要地指出，我们所做的可以概括为一句话"要发展自己"。这是一个历史、时代和人民的重托。邓小平同志明确提出，中国要发展起来，这是民族的要求，人民的要求，时代的要求。

在社会主义现代化建设过程中，江泽民同志实事求是地继续坚持"发展作为党执政兴国的第一要务"的科学认识，实施科教兴国战略，向着社会主义国民皆富迈进。胡锦涛同志提出了科学发展观，不断转变经济发展方式，强调推动经济社会发展是科学发展观的第一要务，并强调坚持全面发展是要按照中国特色社会主义事业的总体布局来发展，保证各个领域协调推进，坚持走生产发展、生活富裕、生态良好的文明发展道路，建设生态文明。

党的十八大以来，中国特色社会主义事业的发展取得了历史性成就、发生了历史性变革，习近平同志根据国内外形势的变化和人民对美好生活的向往，全面把握社会主义现代化建设的发展趋势和规律，一是明确了中国特色社会主义现代化建设的发展目标，即在"三步走"战略目标基础上，向实现"两个一百年"奋斗目标迈进，在党的十九大报告中进一步提出全面建成富强民主文明和谐美丽的社会主义现代化强国的宏伟目标要分两个阶段来安排，2020 年我们如期实现了全面建成小康社会的发展目标。二是明确了中国特色社会主义现代化建设的发展要求，党的十九大报告明确提出了物质文明、政治文明、精神文明、社会文明、生态文明协调发展要求，这些目标只有发展方向而没有具体的数字指标，体现了"两步走"发展战略的全面性和前瞻性，体现了我国现代化从量的提升到质的飞跃的发展要求。三是明确了中国特色社会主义现代发展理念，提出了"创新、协调、绿色、开放、共享"的新发展理念，这五大新发展理念引领了发展全局，强化了发展思路，厘清了发展的"理"与"路"。站在第二个百年奋斗目标的新起点上，我们比任何时候都有信心实现社会主义现代化强国的战略目标、实现中华民族伟大复兴的中国梦。

## 二、人民立场是中国特色社会主义现代化道路的核心

江山就是人民、人民就是江山，打江山、守江山，守的是人民的心。坚持以人民为中心，就是要紧紧依靠人民创造历史，尊重人民首创精神，团结带领人民不断追求美好生活，推动人的全面发展，为实现全体人民共同富裕而不懈努力。

在旧中国，百姓流离失所、民不聊生。新中国成立以来，人民群众迫切期望改变一穷二白的状况，因此党的八大明确指出我国社会主要矛盾是人民对于经济文化迅速发展的需要同当前经济文化不能满足人民需要的状况之间的矛盾，党和全国人民的主要任务就是集中力量解决这一主要矛盾。改革开放以来，我们始终坚持以经济建设为中心，站稳了人民立场，明确了社会主义发展的本质、社会主义根本任务、党的思想路线、基本路线、发展战略等，经过40多年的努力，我国经济快速发展，人民生活水平普遍提升。

党的十九大报告明确指出："新时代我国社会主要矛盾是人民日益增长的美好生活需要和不平衡不充分的发展之间的矛盾，必须坚持以人民为中心的发展思想，不断促进人的全面发展、全体人民共同富裕。"① 人民群众向往的幸福美好的生活是建立在共同富裕基础上的，共同富裕也就成为人民群众的共同期待。要实现国家富强和全体人民共同富裕，就需要大力发展生产力，为人民群众提供可靠的物质保障，着力解决社会主要矛盾，逐步消除发展的不平衡和不充分问题。一方面推动区域协调发展和城乡协调发展，为实现国家富强提供更可靠的保障。新中国成立以来，由于我国中西部地区经济基础薄弱，经济社会发展水平和人民生活水平与东部地区出现较大差距，改革开放初期，邓小平同志提出优先发展东部和沿海地区，以东部和沿海地区带动中西部地区发展，随着改革开放的不断深化，东部沿海地区经济快速发展，人民生活水平普遍提升。在此基础上，党和国家实施了西部大开发、振兴东北老工业基地和中原地区崛起等发展战略，中西部地区经济得到较快发展，人民生活水平普遍提升。此外，为逐步缩小城乡区域发展差距和人民生活水平的差距，我国将解决好"三农"问题作

① 《习近平谈治国理政》第三卷，外文出版社，2020，第15页。

为全党工作的重中之重，大力实施乡村振兴战略，不断优化农业结构、提升农业质量和效益、提高农产品收益率，不断完善乡村水、电、路、气、通信、广播电视、物流等基础设施，改善农村人居环境，积极推进农村改厕、垃圾和污水处理。坚持普及和提高农村科技文化教育，努力丰富农村文化生活，从而提升农村人民生活水平。另一方面使收入分配更加公平合理。既要实现国家富强和全体人民共同富裕，还要确保社会各群体收入均衡，这就需要实行更加公平合理的分配原则和分配制度。发挥第三次分配作用，发展慈善事业，改善收入和财富分配格局。

## 三、中国共产党的领导是中国特色社会现代化道路的根本政治保证

中国特色社会主义制度是当代中国不断发展进步的根本制度保障，其中党的领导制度是中国特色社会主义现代化道路的根本政治保证。党的领导制度是中国特色社会主义制度的核心要素，如果没有党的领导制度，我国的人民代表大会制度、多党合作和政治协商制度、民族区域自治制度等就会丧失最根本的牵引动力，不仅不能发挥它们应有的优势，反而会使中国特色社会主义现代化建设处于盲行之中，极大削弱治国理政的社会效能。只有首先坚持中国共产党的领导，中国特色社会主义制度的巨大优势才会发挥出来。也就是说，如果没有党的领导制度，或者说不能一以贯之地坚持党的领导制度，就不会有中国特色社会主义制度，就不会发挥出中国特色社会主义制度应有的治理效能，中国特色社会主义制度是通过党的领导制度才发挥出巨大作用的，中国共产党的领导是中国特色社会主义制度的最大优势。中国特色社会主义现代化道路的成功开启和持续推进充分体现了中国共产党领导制度的政治优势，这也同时意味着要实现富强、民主、文明、和谐、美丽的社会主义现代化强国目标，就更需要坚持正确的政治目标，不断健全完善党的全面领导制度，坚持中国共产党的领导，维护党中央的权威，坚定跟党走，自觉接受党中央集中统一领导。历史雄辩地证明，坚持中国共产党的领导，是中国人民最正确的选择，是中华文明最深层的情感召唤，是中华民族根本利益和中国根本命脉之所系。

因此，坚持中国共产党的领导是中国特色社会主义现代化建设的最本

质特征。正因为有了中国共产党的坚强领导，中国才有了不断中国化、时代化的马克思主义的指导，才有了中国特色社会主义的伟大事业，才不断取得了越来越多的举世瞩目的伟大成就，才迎来了从“站起来”“富起来”到“强起来”的伟大飞跃。也正因为有中国共产党的坚强领导，中国人民当家作主的历史地位才一以贯之地得到巩固。在中国共产党的坚强领导下，社会主义小康社会如期全面建成，成功解决了绝对贫困问题，全体人民的总体生活水平得到了大幅度提高。与此同时，在中国共产党的坚强领导下，中国人民开始步入社会主义共同富裕之路，向着更高质量生存和更高水平生活的中国特色社会主义现代化建设目标前进。而且，全面依法治国和全面深化改革向纵深推进，不断凸显出中国共产党治国理政的强大能力，国家治理体系不断走向现代化。在更加自信的中国制度基础和更加雄厚的中国实践基石上，推进实现中华民族伟大复兴的历史进程更趋稳定。一百年来，正因为有了中国共产党的坚强领导，我们不仅取得了百年奋斗伟大历史成就，同时也积累了百年奋斗伟大历史经验，“创造了中国式现代化新道路，创造了人类文明新形态。”[①] 可以说，这是中华民族在人类文明发展史上留下的最精彩最深厚的新印迹。

## 第三节　共同富裕是中国特色社会主义现代化的重要目标

第一个百年奋斗目标成功实现以后，中国特色社会主义现代化道路进入一个新阶段，中国特色社会主义伟大事业的发展也进入一个新阶段。而共同富裕作为与资本主义国家现代化完全不同的中国特色社会主义现代化的一个本质特征，在接续推进富强、民主、文明、和谐、美丽的现代化强国建设的第二个百年奋斗目标中具有举足轻重的位置。实现第一个百年奋斗目标着重解决的是落后的社会生产无法满足中国人民日益增长的物质文化需要的问题，即绝对贫困的问题，它要求全体人民的生活水平要达到基本小康的状态。而实现第二个百年奋斗目标着重解决的则是不平衡不充分的发展无法更好满足中国人民日益增长的美好生活需要的问题，即高质量

① 习近平：《在庆祝中国共产党成立 100 周年大会上的讲话》，人民出版社，2021，第 14 页。

生存和高水平生活的问题，它要求全体人民的生活水平要达到共同富裕的状态。第二个百年奋斗目标是在第一个百年奋斗目标实现的基础上才得以展开的，没有第一个百年奋斗目标的首先实现，就不会有第二个百年奋斗目标的最终实现，实现全体人民的共同富裕是以全面建成小康社会为根本前提的。可以看出，中国接续推进共同富裕之路，不是心血来潮之举，也不是应时权变之策，而是中国特色社会主义现代化强国建设的核心内容和本质特征，是推进中国特色社会主义现代化道路持续稳定前进的必然之势，这一必然之势肇自中国共产党建党之时，形成于中国共产党百年来坚强带领中国人民所开展的丰富的奋斗实践历程之中，深刻表现为主观目标追求和客观实践状况的紧密结合。一句话，共同富裕是致力彰显中国特色社会主义现代化本质特征客观基础之上的重要的主观目标。

## 一、共同富裕是实现中华民族伟大复兴的必然选择

实现中华民族的伟大复兴，是近代以来海内外所有中华儿女最大的心愿。这一心愿因为近代中国积贫积弱的社会现实而显得更加迫切，因为五千年中华文明的生生不息而显得更加深沉。近代以来所有中国人的社会实践和理论活动无不围绕着这一最大心愿而展开，在各个阶级开出的救国救民方案中，最终历史和人民选择了马克思主义，选择了中国共产党。在马克思主义的指导和中国共产党的坚强领导下，实现中华民族伟大复兴的历史实践才一步步成功地在中华大地上铺叙开来，并取得了一系列足以彪炳史册的伟大成就。这些伟大成就不仅夯实了实现中华民族伟大复兴的历史根基，同时也有力地促进了实现中华民族伟大复兴的历史进程。自中国特色社会主义的发展进入新时代以来，中国人民要求实现中华民族伟大复兴的梦想更加接近于现实。在中国共产党的强有力领导下，中国不仅成功实现了全面建成小康社会的第一个百年奋斗目标，同时也开启了接续推进实现富强、民主、文明、和谐、美丽的社会主义现代化强国建设的第二个百年奋斗目标。而第二个百年奋斗目标的最终实现，必须首先实现全体人民的共同富裕。这就需要在中国共产党的坚强领导下扎扎实实沿着全体人民共同富裕之路推进，既要努力化解阶层固化的风险，缩小贫富两极分化，继续大力解放和发展社会生产力，加强各领域科技创新，不断增强经济社

会发展的韧性和动力；又要致力不断提升治国理政、为民服务的水平，不断促进国家治理体系的现代化，最大限度激发社会的整体活力。

可以说，只有不断促进全体人民共同富裕的实现，中国特色社会主义现代化强国建设的目标才能实现，中华民族伟大复兴的最大心愿也才能最终实现。因为，共同富裕是中国特色社会主义现代化的最本质特征和最核心要素，在某种意义上讲，中国特色社会主义现代化道路就是不断实现全体人民共同富裕之路。没有全体人民共同富裕的实现，就不会有中国特色社会主义现代化强国，更不会有中华民族的伟大复兴。共同富裕作为中国特色社会主义现代化建设的内在规定性，有着与西方资本主义现代化道路全然迥异的独特性，同时也具备与其他群体的现代化道路截然不同的价值性。这种独特性和价值性深刻表现在具有“中国特色”的实践和理论创造中，它不仅生动诠释了中国的持续性改革创新发展是在中国特色社会主义道路下的改革创新发展，并且也特别彰显了中国特色社会主义共同富裕之路在人类现代化历史进程中的独特价值和优势。实际上，这样的独特性和价值性从一开始就规定了中国特色社会主义现代化的方向。中国特色社会主义现代化的方向不是别的什么方向，正是推进实现全体中国人民共同富裕的方向。这一方向清晰地显示，从量的规定性上来看，中国特色社会主义的现代化意味着超过了以往所有的现代化实践，它既要重视解决全体中国人民的“急难愁盼”问题，也要重视接续推进实现全体人民的共同富裕问题。不论是从推进现代化的规模、速度上，还是从推进现代化的深度、广度上，无一不显示出中国特色社会主义现代化建设的超越性。而从质的规定性上看，中国特色社会主义的现代化建设是以实现全体人民的共同富裕为本质核心的现代化建设，其不仅包括物质富裕，也包括精神富裕，是重建人的全面发展本质的现代化建设，与资本主义国家的现代化建设有根本的不同。因此，实现中华民族的伟大复兴必须持续推进实现全体人民的共同富裕，共同富裕是实现中华民族伟大复兴的必然选择。除此之外，没有第二个选择，因为它的独特性、本质性、价值性只能在这一选择中才能得到彰显。

## 二、共同富裕是实现人的自由全面发展的必然召唤

人类的未来在哪里，人类如何实现真正的发展进步，这是自人类诞生以来，在每一个社会形态中不以人的意志为转移的客观现实。按照人类社会历史发展的规律，不论是什么人，他或表现出积极的主观意志，或表现出消极的主观意志，在人类向前发展这一根本问题上从来都只是起到促进或阻碍的作用，但并不能操纵落后社会形态向先进社会形态更替转变的历史现实，同时也不能左右人民群众向更先进人格和更全面状态发展的历史进程。人的全面发展，是人的本质力量的重新建立。这种重新建立不是机械主义的建立，而是辩证主义的建立。不是主观世界领域内思维意志的毫无原则的叫嚣，而是既受到人类社会历史发展规律的制约，同时也受到历史发展趋势影响的客观世界实践现实的制约，是随着人类更先进社会形态的确立而不断变成现实的历史过程。在这一重要的历史过程中，人需要不断实现掌控自己劳动的能力，需要实现在各个领域中凭着自己本能的兴趣爱好参加某种实践创造的能力。在这样的历史过程中，不仅人的精神财富得到了几何式增长，并且人的物质财富也得到了极大丰富，但首先应该是物质财富的丰富带给人们的安全感和满足感。只有如此，人们创造能力的极大发挥才会有更大、更多合理的空间。正如恩格斯《在马克思墓前的讲话》中所说明的那样，马克思发现的人类历史的发展规律揭示了“历来为繁芜丛杂的意识形态所掩盖着的一个简单事实：人们首先必须吃、喝、住、穿，然后才能从事政治、科学、艺术、宗教等等”[①]。这就是为什么在中国特色社会主义现代化建设中，在实现全面建成小康社会以解决人民群众绝对贫困问题的基础上，中国共产党还需要领导中国人民接续推进实现共同富裕重要目标的根本原因所在。中国特色社会主义的现代化建设，不是一个阶段性任务，而是一个系统的长期的历史任务。在中国共产党的领导下，中国人民不仅需要实现中国特色社会主义共同理想，还需要在此基础上推进实现共产主义远大理想。而这一切都需要以实现全体人民的共同富裕为根本前提，没有全体人民的共同富裕，人的自由全面发展的历史现

① 中共中央马克思恩格斯列宁斯大林著作编译局编《马克思恩格斯选集》第三卷，人民出版社，2012，第1002页。

实就不可能最终显现。

无独有偶，中国特色社会主义现代化建设不仅规定了推进实现全体中国人民共同富裕的必然性，同时也引领了推进实现全体中国人民共同富裕的根本方向。中国特色社会主义现代化建设既包含社会主义建设的一般性原则，同时也遵循面向每个人自由而全面发展的共产主义的根本方向。这一根本方向要求在推进全体中国人民实现共同富裕的历史过程中，要时刻牢记人的自由而全面的发展是人类未来方向。从这个意义上讲，中国特色社会主义的现代化建设，就不仅仅是中国实现发展和中国人民实现富裕的事情，而是与世界各国的发展和世界人民的进步紧密相连的事情。中国的发展和中国人民的富裕离不开世界各国的发展和世界人民的进步，世界各国的发展和世界人民的进步同样也离不开中国的发展和中国人民的富裕。中国的发展和中国人民的富裕不是世界发展的负担，而是世界人民进步的重要机遇。正如习近平总书记所说："中国人民圆梦必将给各国创造更多机遇，必将更好促进世界和平与发展。"[①] 人类社会发展的历史规律昭示，人类世界的发展进步在于世界的和平与安宁，在于世界各国的携手合作和世界人民的同呼吸共命运，人类只有从大处着眼，团结一致拧成一股绳才能不断战胜各种困难，共同走向每个人自由而全面发展的人类美好未来。因此，在中国特色社会主义现代化建设中推进实现全体人民的共同富裕，从人类未来方向上说，这不是一国一域之事，而是关乎全人类福祉和进步事业之事，是实现人的自由而全面发展的必然召唤。

## 三、共同富裕是中国式现代化新道路发展的必然结果

中国共产党建党一百年来，虽然时代变幻波谲云诡，各种社会矛盾叠加，但中国共产党自始至终牢记初心和使命，带领中国人民发扬光大伟大建党精神，经受住各种风险挑战，不断战胜各种艰难险阻，在一系列持续不断的具有"中国特色"的理论和实践创造活动中开创了中国式现代化新道路。这条中国式现代化新道路是在中国特色社会主义现代化建设的历史过程中不断形成的，也是在中国特色社会主义现代化建设的历史进程中不断丰富自身内容的。以实现"两个一百年"奋斗目标为最重要内容，共同

① 《习近平谈治国理政》第二卷，外文出版社，2017，第 525 页。

富裕作为中国特色社会主义的本质内涵，以特有的理论实践运行方式贯穿中国特色社会主义现代化建设的全过程，同时在完成第一个百年奋斗目标的基础上，其适时地展现出其必将成为中国式现代化新道路必然结果的历史趋势。这是因为中国式现代化新道路的开创和持续发展首先是在中国化马克思主义指导下进行的。在不同的历史阶段，中国共产党不仅将马克思主义的普遍真理与中国的具体实际相结合，同时也与中华优秀传统文化相结合，在复杂的实践过程中不断创造出能够适时指导“中国特色”社会实践活动的中国化马克思主义。如毛泽东思想成功指导了中国革命和社会主义初期探索的实践活动，中国特色社会主义理论体系成功指导了不同时期的中国特色社会主义建设实践活动。而习近平新时代中国特色社会主义思想作为 21 世纪的马克思主义，不断指导新时代中国特色社会主义建设的实践活动，并在持续推进中华民族伟大复兴的历史进程中，继续成功指导中国特色社会主义现代化建设的各项实践活动。可以说，不断中国化的马克思主义作为科学的“中国特色”的社会主义，有其必然的理论逻辑，这就是它一直以来一以贯之地遵循人类社会历史发展的规律，在始终坚持唯物史观方法论的大前提下，成功指导中国特色社会主义现代化建设事业不断向前迈进。也就是说，“科学社会主义理论逻辑遵循社会发展的规律，中国社会发展逻辑就是中国社会发展规律”[①]。在全面建成小康社会的前提下，推进实现全体人民的共同富裕就是中国社会发展的逻辑，也就是中国式现代化新道路持续推进需要遵循的中国社会发展规律。

同时，中国式现代化新道路是在全心全意为人民服务的根本宗旨下成功开创的，尤为突出人民的至上性，强调时时刻刻尊重人民群众的历史主体地位。这就要求中国共产党必须在不同历史时期不断解决人民群众的各种历史需求，满足人民群众的各种历史意愿。在中国革命时期，中国人民的最大历史需求和历史意愿是推翻封建主义的压迫、帝国主义的侵略、官僚资本主义的剥削，以实现中华民族的独立、国家的解放、人民的幸福，建立一个全新的人民当家作主的站起来了的新中国。在社会主义探索和中国特色社会主义建设时期，中国人民的最大历史需求和历史意愿是不断获得丰富的物质文化、大力改善生活的质量，把国家建设成为一个使人民不断富起来的新中国。中国特色社会主义的发展进入新时代以来，中国人民

① 颜晓峰:《重大时代课题与科学理论体系》，中国人民大学出版社，2019，第 35 页。

的最大历史需求和历史意愿是不断实现高质量生存和高品质生活，将国家建设成为一个使人民不断强起来的社会主义的现代化强国。不断推进实现全体人民的共同富裕，不仅是站起来的和富起来的新中国实践建设活动的题中应有之义，更是强起来的新中国实践建设活动的题中应有之义，在今后的中国特色社会主义现代化建设征程中，推进实现全体人民的共同富裕必将处于愈加突出的位置，因为，以人民性为重要特征的中国式现代化新道路是为满足人民利益而形成的道路，共同富裕在中国特色社会主义现代化强国建设中具有重要地位，是人民群众的新期盼和根本利益所在。

中国特色社会主义的现代化建设是世界社会主义发展的重要组成部分，其历史过程是人类文明新形态能够实质性彰显的重要历史发展阶段。在这一重要历史发展过程当中，推进全体人民的共同富裕，是其必然的重大历史任务。其不仅符合世界社会主义向更加完善和纵深发展的时代趋势，而且也符合人类文明新形态本质内核的发展要求。虽然人类社会发展进步的历史轨迹复杂多变，但是人类历史发展的规律是清晰可循的，人类历史发展的趋势是趋于进步的，这就是人在不断地试图实现自己本质力量的重新回归，以找回在之前的各个社会形态过程中被异化了的主体能力。同时也在不断地试图实现人与人、社会、自然等相互间关系的重新平衡，以最终实现人从“必然王国”向“自由王国”的飞跃。可以说，这一飞跃的最终实现正是“使世界范围内社会主义和资本主义两种意识形态、两种社会制度的历史演进及其较量发生了有利于社会主义的重大转变”[①]，现实不断持续这一历史趋势的必然结果。这种回归和平衡，毋庸置疑首先在于人们对包括物质财富在内的各种财富的自由占有和分配需求。因此，从人类文明新形态不断彰显的未来趋势看，从中国特色社会主义现代化建设不断深入的历史进程来看，实现全体人民的共同富裕是价值目标引领下的中国式现代化新道路发展的必然结果。

---

① 《中共中央关于党的百年奋斗重大成就和历史经验的决议》，人民出版社，2021，第 63-64 页。

# 第四章　现代化道路的比较研究

现代化道路是人类文明发展史上的一次最重大变革，人类通过走现代化道路实现了对以往的政治、经济、文化等各个要素的完全超越，实现了从古代农业文明向现代工业文明的成功转向。虽然这种超越和转向并非完美无缺，甚至伴随着一些人类不得不重新审视自己所作所为的后发问题，但在现代化道路进程中，它创造出许许多多无与伦比的新东西，人们的物质资料的生产活动日新月异，实现了一次次的跨越式发展，人们的生活水平和生存质量也得到了极大的提高，从而几乎成为新旧文明社会的重要标志。

以十八世纪英国的工业革命为开端，英国是欧美主要资本主义国家中首次在人类历史上开辟现代化道路的国家。在工业文明发展时期，世界其他国家、民族以英国所走上的资本主义的现代化发展道路为参考，走出了形式各异、内容不尽相同的各具特色的现代化发展道路。其现代化道路选择和发展既有成功的地方，也有失败的地方。而中国作为走上现代化道路的后发国家，世界其他国家、民族的现代化道路发展情况无疑给我国提供了许多值得总结的经验教训与借鉴价值。在吸收和汲取世界各国现代化道路的发展经验和历史教训中，中国不断推进具有中国特色的中国式现代化道路的发展，以最终实现共同富裕的社会主义本质目标。

## 第一节　欧美主要资本主义国家现代化道路的历史经验

在人类文明发展史上，随着资本主义在政治、经济等领域内的成功，欧美主要国家先后确立了资本主义制度，并开辟了在资本主义发展条件下的国家现代化道路，这不仅是资本主义制度下的第一次，更是人类文明发展史上的第一次，对于人类社会的进步和文明的发展具有重要开拓意义。可以说在一段历史时期内，欧美主要资本主义国家的成功确实带给世界其他国家、民族以现代化的美好憧憬和发展欲望，模仿和学习他们所代表的

“西方文明”一度成为现代化国家是非判断的标准。但是结果却不尽如人意，甚至出现了许多难以克服的困难和历史倒退，使得这些国家、民族的现代化发展道路面临诸多严峻挑战。作为现代化发展道路的内源地和先发区，早期的欧美主要资本主义国家的现代化道路发展伴随着大量的殖民主义印记。有一种观点认为现代化道路的实质就是工业化道路，不能说这一看法就是完全正确的，因为这一观点着重强调了工业化对其他方面的辐射带动能力，却忽视了其他方面对工业化的反作用，犯了以偏概全的错误。但自英国开始的现代化道路确确实实是以工业化作为推动的，而工业化的发展成熟则深深地打上了殖民掠夺其他国家、民族的不光彩烙印，其间被开发利用的科学技术更是其实现国家现代化道路发展的利器，而此后的世界其他国家、民族在国家现代化道路选择和发展上虽然采取的方式方法不一而同，但都无一例外地选择了工业化作为突破口。不过这也无可厚非，因为工业化带来的是大机器生产和分工的细化，随之而来的是生产力的空前发展，这是与农业文明时代有着明显区别的东西，而现代化在很大程度上与工业化有着非常紧密的联系。

## 一、英法资本主义国家的现代化道路

英国是第一个确立资本主义制度并开辟以第一次工业革命为开端的现代化道路的国家，其在现代化发展进程中取得了得以让其骄傲的成就。然而，“英国作为第一个工业化国家，工业化是在放任主义条件下发展起来的”①。因此，英国的现代化道路发展是从最古老的农业产业中自然开始的。似乎经过光荣革命和确立资本主义统治制度后的英国人获得了神奇力量，将农业作为经济增长和国家现代化道路发展的第一自然增长点取得了成功。谁都不会想到英国以农业的发展作为突破口，并且成功地开启了工业革命的序幕和引领了之后的世界。其实从世界史的角度来看，英国以农业作为开启现代化道路发展的第一步是自然而然的事情。因为在此之前，并没有国家现代化道路发展的现成例子可以参考，这促使英国只能作出顺应历史发展潮流和符合自身的自我选择。

众所周知，随着资本主义制度的确立和世界地理大发现，英国最先开

① 陈晓律:《世界各国工业化模式》，南京出版社，1998，第 137 页。

始了对所发现的土地与人民的殖民主义统治，并组织发掘了一个比英国国内市场要大得多的国际市场，英国的农业生产开始走向了商品化生产，英国的农产品以及由此而来的农业资本开始涌入国际市场，这使得英国的农产品生产不仅要增加生产产量，更要提升产品质量和生产水平。这在一方面让一些资本投资人通过农业赚得盆满钵满，对他们转向利润更丰厚的工业发展起了非常重要的作用，而另一方面是英国国内的农产品价格变得便宜，农民收入不断下降，到后期甚至出现了大量的农业剩余劳动力，这也为资本家工厂的充分发展提供了劳动力基础。换句话说，英国采取的农业现代化促进了工业模式的开启和发展，而工业模式的开启和发展则造成了英国贫富差距的急剧扩大。因为资本家是在以不断引进新机器、扩大新厂房、压低工人工资、使用女工童工、增加工人剩余劳动时间、奴隶贸易和殖民掠夺等方式来积累巨额财富的，是以人类历史上最肮脏最残酷的方式来完成资本原始积累并促进英国工业化发展的。而与此同时，抛开殖民地区的残酷情况，伴随着这一现代化道路发展的是英国工人们则越来越陷于贫苦，贫富两极分化越来越严重。在资本主义制度刚刚确立和工业革命刚刚开始的一段时期内，英国资产阶级醉心于已获取的政治胜利与经济占有，在资本贪婪本质的驱使下，在现代化道路进程中，采取了完全的贸易自由态度，将对个人利益的保护作为政府的主要任务之一，放任私人财富的任意积累。这样的现代化发展道路并没有给普通民众带来多少好处，获取极大利益的只是资本家群体和贵族阶层而已。这种对私人利益的极端追求给英国社会带来了许多社会问题，失业率、犯罪率飙升，贫民窟的不断增加使得疫病大流行，导致英国人口数量的大幅度下滑。人们的教育素质和居住环境急剧降低，工人罢工和起义不断增多，成为英国现代化道路发展中最严重的社会治理问题，以工业革命开始发家致富的英国现代化道路发展面临着掉入困境的巨大考验。这一历史现象是需要后人深刻反思的。现代化道路当然是人类文明发展史上的一次伟大创举，虽然它是由资本主义国家首次开启，并且也带来了许多前人所不能企及的伟大成就，但是在资本主义的现代化道路发展中依然出现了很多令人头疼的问题。不得不说，其根源仍然在于资本主义的社会制度。众所周知，资本主义制度依然是私有制度，所不同的是，与过去的社会制度相比，资本主义私有制度是在资本无限制榨取剩余价值和致力于资本增殖的基础上一步步建立起来的，其剥削性越发残酷，其压榨本质越发趋于隐蔽。也就是说，资本主义私有制与以往的社会制度一样，并没有改变其剥削劳动人民的本质。正如马克思、恩格斯所言:“在资本主义社会里是过去支配现在，在共产主义社会里是现在支配过去。”[①] 故在资本主义制度基础上开展的现代化道路不仅依然延续了许多过去的旧问题，同时也带来了许多新问题。

因此，这些新旧问题是英国现代化发展过程中不得不予以认真对待的问题，特别是社会贫富差距持续性扩大的问题，因为它关系到资本主义制度的稳定性期待和合法性解释。针对两极分化趋势不断严重的事实，在现代化道路发展中的英国也确实意识到了问题的严重性，为此不得不开始采取相关措施，将目光从个人利益保护极端化转向关注英国社会的基本福利层面，从完全放任市场自由贸易和私人财富积累转移到政府开始介入市场规范行为，以解决国家现代化道路发展中的贫富差距急剧扩大问题。为此英国采取了一系列开始向弱势群体和贫苦人口倾斜的政策措施，在现代化道路发展中不断从农业的现代化转移到以工业和服务业为重点的现代化，特别是加强了服务业的发展，以农业的现代化和工业的现代化来反哺服务业，以此来解决农业现代化和城镇化所带来的人口就业压力。不得不说这对较好解决英国工业化发展前期所产生的社会治理问题是一剂良药。但问题是如何让许许多多剩余劳动力愿意转向服务业，为了实现这一目的，英国不断加大对教育的投入，以促进劳动力素质和相关技能的提高。与此同时，英国也通过立法的形式来建立比较完备的社会福利制度，完善调节收入分配差距的税收制度，尽可能地防止转移财富、偷税漏税和贫富差距的扩大。在经济发展不同时期，英国也对社会福利分配和社会保障支出进行有目的性的弹性调整，加强对义务教育资金的监管等。可以说英国的现代化道路是一条非被迫性的发展道路，没有与世界其他国家竞争的压力，这也是英国在早期国家现代化道路上采取完全放任自由态度的原因之一。但是英国的现代化道路发展并不顺利，因为英国本身就是在摸索中开始的现代化道路，后期其对于一切市场经济行为的放任主义的谨慎说明现代化道路绝不能是少数人的专利享受，否则就会出现社会治理方面的各种难题。可以看出英国现代化道路发展的历史经验对中国式现代化道路发展是有参考价值的，尤其是在现代化道路发展中需要做大做强绝大多数人从事的服

① 马克思、恩格斯:《共产党宣言》，人民出版社，2018，第 44 页。

务业，采取一系列可行性措施，增强服务业吸纳就业、扩大就业的强大能力。同时，我们在现代化道路发展中需要用好税制这个政府职能中最重要的调节收入差距的杠杆，不论是立法、结构性创新，还是制度完善优化，都需要进行符合国情、民情的深入探索。

法国是与英国隔海相望的欧洲大陆的传统大国，在很长一段时间里，英国和法国一直是试图控制对方进而称霸欧洲大陆的一对老对手。面对英国因工业革命所造就的现代化道路发展势头，法国恐怕是第一个感到巨大压力的国家。面对这一传统对手的异军突起，法国也开始主动或者被动地受到英国工业革命的影响，试图像英国一样实施工业化。因此，法国的现代化道路发展从一开始就是模仿英国而开展的，法国不仅积极购进英国先进的工业设备进行工业化生产，同时也积极引进各种工业化技术人才。然而模仿多于创新的法国，其现代化道路发展在一开始并不成功，工业化发展水平缓慢。法国不仅要面对英国早已发展很久的现代化的竞争，还要面对各种反法势力。这使得法国在国内国外事务上难以周全，最终导致人民时时贫困，政府威信降低，治理社会的能力严重倒退，法国的现代化道路可谓非常不顺。到了中期，随着法兰西第二帝国的建立，法国开始采取了有针对性的政策，加强政府干涉完全自由市场经济的力度，积极应对前期模仿英国完全市场自由的做法所造成的各种问题。可以说法国吸取了英国现代化道路发展中的教训，使法国缓慢的工业化进程开始加速，现代化水平不断提高，这是法国自开始现代化道路发展以来的最好时期。政府在必要时积极参与市场调节行为的做法到现在为止依然是法国最重要的社会稳定措施和经济发展手段。它告诉我们一个事实，那就是国家现代化道路的选择和发展绝不能单纯模仿他国模式，而现代化水平的提升也绝不能依靠单纯的市场规则，政府的积极作为和必要的市场干预行为必不可少。

除此之外，法国的现代化道路发展的萌芽期还有一个特征，即这种新道路的实行是从封建君主自上而下开始的。虽然其目的是通过现代化来强大自身，但是社会生产关系的落后性和社会制度本身的缺陷对法国的工业化造成了很多阻碍。因此，在某种意义上来讲，法国早期的国家现代化道路是贵族式的现代化道路，其指导思想是贵族价值理念，这一理念带来的结果是法国的国家现代化道路发展对于实业、技术知识的轻视。而贵族式的现代化发展道路只对增加贵族阶级的财富和集权有利，对于民众的生活水平提高并无多大好处，反而在这种奇怪的贵族式现代化道路下导致贫富差距不断扩大，人民生活陷入贫困。为了转移这种国内社会治理压力，贵族阶级不得不将拓展殖民地和发动对外战争作为解决手段，包括与英国的战争，这反过来又阻碍和影响了法国的工业化发展。

这种现代化道路发展的困境直到第二次世界大战以后戴高乐将军执政时期才得以较好解决。新政府不仅在经济上加强了政府宏观调控的职能，并且在政治上重新创建了一个与现代化道路发展和市场经济体制相配套的民主政治体制。同时，在这一符合法国国情的民主政治制度和市场经济体制的结合中，法国开展了一系列具体的化解贫富差距扩大的政策措施，取得了许多积极效果。在国民生、老、病、死、就业和住房等社会保障方面都进行了立法保障和系统扶持，大力保障最低生活生存需求，实行全社会工资指导制度，在最低工资保障和行业薪酬水平等方面进行制度创新、完善和优化。同时，法国在国家现代化道路发展中也对英国的税制进行了借鉴，实行财产税和个人所得税等有关调节财产收入分配差距的制度，有效运用税制杠杆作用等，这一系列政策措施使法国成为几个少有的较早的高福利国家。可以看出，法国的现代化道路虽然几经波折，但在强调国家宏观调控和构建符合法国国情的民主制度的基础上，其在治理国家和稳定社会方面取得了很大的成就。从英国和法国的现代化道路发展来看，虽然两国在具体实践上有所不同，但都强调现代化道路的选择必须要有相适应的符合国情的社会制度和先进思想来保证，并且现代化道路发展所带来的成果必须惠及全体社会人员，也就是说只有在全体社会人员生活水平和生存质量不断提高的前提下，国家现代化道路发展才会比较顺利，也才会具备可持续性，从而跨入现代化国家行列。

## 二、德国现代化道路发展的历史经验

德国的现代化道路是在继承现代意义上的普鲁士国家遗产的基础上发展起来的，尤其是它的国家民族主义组织基础。德国在国家现代化道路发展中，把重工业作为重点，通过政府力量参与来组建一个强有力的工业产品生产组织。这样的组织对于德国工业化发展是有好处的，它可以保证与其他工业主体之间的竞争力，以国家财政投入的方式较快地达到工业化目的。这样的国家组织形式给整个德国的现代化道路发展带来了巨大的成功，时至今日，德国已成为欧洲经济发展的“心脏”和具有强大创新能力的国家。德国重视重工业发展的同时并没有忽视农业的现代化，相反德国对农业不仅给予了大量补助，以防止外国竞争者对其造成伤害，还通过进步迅速的工业化来促进农业的现代化，是现代化道路发展中的几个农业现代化水平最高的国家之一。在促进工业化水平提高的同时，德国还特别强调银行等金融机构对国家现代化道路发展的助力作用，银行参与到工业发展的各个领域，大大促进了德国发展的现代化水平，金融业也获得了长足的发展，当然这种发展是建立在国家强制性调控的基础之上的。德国式现代化道路对中国式现代化道路的发展无疑具有重要的借鉴价值，即在有关国计民生、国家安全等方面的行业必须是国资控股或者是集体所有，银行等金融机构必须置于国家强有力的监管调控之下，增强化解金融风险能力，服务国家建设大局。同时，要严格政企权责，努力促进市场经济的发展，属于市场调节行为可控范围内的事项谨慎干涉，促进产业结构创新升级，助力国家现代化发展水平的提高。

然而，需要提出的是，德国在国家现代化道路发展中虽然获得了巨大的成功，但和英国、法国一样，德国在国家现代化道路发展中也出现了贫富差距扩大的问题，不过德国政府从一开始就对这一问题保持关注，并适时出台了许多有助于缩小贫富差距的政策措施。特别是在两德统一以来，德国对穷困州所采取的联邦特定资金支援和财政转移支援，以及国家强制要求富裕州需要对穷困州进行财政收入达到全国平均水平的支援规定等，使德国的贫富差距不断出现下降的趋势。可以说德国在国家现代化道路发展中的这条经验是值得我们认真研究总结的，它与中国先富带后富以实现共同富裕的做法是有很多契合点的，有助于打破地区和阶层发展的不平衡性和不充分性。与此同时，得益于古典哲学思辨的传统及其他优秀文化遗产，德国特别重视教育，引进国家强制教育制度并进行德国化创新，培养了一代代高素质现代化科教人才。德国的这一国家措施极大地促进了德国国家现代化道路的发展，使得德国在引进吸收英国、法国等现代化道路发展成果的同时能够开展有效的创新，并在与其他工业化发展主体的竞争中不断保持优势。另外，德国也在国家现代化道路发展中健全和完善了各项社会保障制度，特别是实行了雇员劳动保护体系等一些倾向于弱势群体的措施，这无疑对消除因贫富差距而导致的社会不稳定具有非常重要的意义。德国在国家现代化道路发展中并没有所谓的完全市场经济行为，不论是吸取了英国的教训，还是看到了法国政府参与市场调节的优点，德国始终以政府必须积极参与的做法成功塑造了一个重视科学、尊重人才、发展教育、健全社会保障体系的优秀榜样，为国家现代化道路发展的成功注入了源源不断的前进动力，这对实现以共同富裕为目的中国式现代化道路的发展无疑具有重要借鉴价值。

## 三、美国现代化道路发展的历史经验

美国现代化道路的发展无疑源自于欧洲，但它并没有照搬欧洲国家的现代化发展模式。相反它有很多创新，并且这种独树一帜的创新引领了百年以来的美国现代化道路发展。自美国建国初期确立工业化发展方针开始，经过南北战争、西进运动等历程，美国的现代化道路发展获得了巨大的成功，其取得的成就足以让其在很长时间里保持代表性。从总体上来说，美国的现代化道路发展是建立在独具特色的现代民主制度、国家统一和稳定以及资源的富足和大开发的基础之上的，这些要素是美国现代化道路成功的最重要的条件。此外，美国的现代化道路发展还有许多新的重要路径，这些路径与前期的几个重要因素共同促进了美国工业化的繁荣与兴盛。首先，美国作为一个移民国家，在移民制度方面提供了许多有利于吸引优秀人才参与现代化进程的各种保障。许多移民美国的人不仅具有技术和资本，而且更具有开拓进取、实现梦想的拼搏精神。美国大量引进高质量的人力资源和先进的技术装备，不断消除人口自由流动的障碍，以制度为保障吸引他们参与到社会建设的各个方面。这使得美国的现代化道路发展不仅有了源源不断的建设后备军，同时也使美国的现代化道路发展更有韧性和创新能力。美国的这一做法无疑具有很大的参考价值，在中国式现代化道路发展中，我们不仅应该开展这方面的制度创新和优秀人才引进机制的升级改造，还应当加强各地区的互联互通，尽量减少阻碍人口流动的因素，促进人员、技术、知识交流，以更好地推进中国式现代化道路的发展。

与此同时，美国的现代化道路发展还采取了大力发展交通运输业的措施，特别是铁路交通运输业的大发展，促进了美国现代化道路的大发展。可以说美国成功地在交通运输业搞了一场交通革命，而这场交通革命极大地扫除了一切羁绊现代化发展的障碍，大力促进了美国经济的腾飞。美国不仅在公私两方面鼓励交通运输能力的改善，而且给予交通运输业大量的财政援助和关税优惠，以促进美国工业品、农产品等的交通运输和商品交换能力，不断将技术、原材料产地、工业品和交换市场紧密结合起来，为美国现代化道路的发展带来了巨大的运转活力和常备潜力。而美国之所以能比较顺利地开展现代化建设，还有一个他国在当时不具备的天然优势，即美国地处北美大陆，很少受到外界的干扰，在搞现代化道路建设的时候有一个稳定的国内和周边环境。即便是在两次世界大战中，虽然美国都参与其中，但是战火并没有烧到美国本土，对美国的现代化道路发展没有造成太大的干扰。相反，美国借着两次世界大战的机会大发战争财，在这期间，美国的创新能力得到了极大释放和强劲发展，在战后一跃成为世界第一超级大国。美国在现代化道路发展中的这些历史经验对后发国家的现代化道路建设也有重要启示，不仅告诉我们现代化道路建设不仅需要有安定有序的国内环境，还要具备和平的周边国际环境，这样才能够在现代化道路发展中不断积蓄能量，开创属于自己民族和国家的有特色的现代化道路。同时还应当大力发展交通运输业，打通经济社会发展的各种瓶颈，为现代化道路的发展创造优良的交通运输与市场交流环境。也就是说中国式的现代化道路发展不仅需要在百年未有之大变局中紧紧抓住战略机遇期，还应当持续推进基础设施建设，改善和提高交通运输能力。但是需要明白的是，美国的现代化道路发展虽然取得了巨大的成功，但它依然是资本主义的发展方式，其在现代化道路发展中创造的只是更多的富翁和少数人不断增加的个人财富，贫富差距的扩大是不言而喻的。为此美国也出台了许多降低贫富差距的措施，包括通过税收调节国民收入与财富分配、制订国家财政救济计划、构建完善的社会保障体系、鼓励捐赠和发展慈善事业等，用这些措施来缓解随着资本主义经济发展而导致的贫富两极分化趋势。这与西欧其他主要资本主义国家一样，虽然在某些时候也能有效降低贫富差距，但是由于国家现代化道路发展是建立在资本主义基础之上的，私人财富的积累速度很快，导致这一系列意在缩小贫富差距的措施越来越沦为只能保障人们基本生存生活的东西，穷人在生存质量和生活水平上最终越来越与富人拉开距离。这表明现代化道路发展虽然是成功的，但是如果只是被动地开展缩小贫富差距的行为，最终无法改变资本主义发展中造成贫富差距持续扩大的不可逆转性，而这种不可逆转性势必会影响社会稳定和造成信任危机，使现代化道路发展不断面临严峻考验。因此，主动开展符合实际的制度创新和结构性优化升级，保持对可能出现的贫富差距拉大的警惕，既要加强物的方面的更新换代，也要加强人的方面的能力素质提升，注重实现全体人民的共同富裕，现代化道路建设才会持续健康稳定发展。

## 第二节　北欧福利国家现代化道路的合理因素选择

北欧国家作为现代化道路发展的后起之秀，在全世界范围内树立了一种新的国家现代化道路发展模式。这种模式以人人羡慕的高福利为主要特征，被称为斯堪的纳维亚模式。这种现代化道路发展模式是社会主义因素和资本主义因素结合下产生的模式，其主要在北欧国家社会民主党等左翼政党的主导下开始并形成，是比较符合北欧国家的社情、民情和国情的。他们注重将社会公平和发展效率有效结合，实现了对全国各阶层的高福利覆盖，形成了完善的高福利制度体系，比较好地在保障高福利待遇的同时跳出了纯粹的脱离经济社会发展水平的“高福利陷阱”，是世界各国在现代化道路发展中的一种典型创新模式。当然这种现代化道路发展模式的问世和成功也受到各自国家治理模式和人口数量等方面的影响，但更重要的是政府的积极作为与市场发挥作用的紧密结合。北欧国家这种更加注重社会公平的全民共同富裕的发展方式是需要深度研究的，它在很多方面都具有积极意义，特别是在人类减贫事业和化解贫富矛盾方面意义非凡，其国家现代化道路发展体现了其对公平和效率较完美结合的有益探索，对以实现共同富裕为本质目标的中国式现代化道路的发展具有很好的参考价值。

### 一、政府公信力的树立和全民诚信机制的形成

北欧国家在构建高福利制度体系的过程中树立了比较好的政府公信力，打造了廉洁的政府，在全社会建立了诚信机制，将民众对政府可能产

生的信用危机降到了很低的水平。北欧福利国家能够实行“高福利”依赖的是“高税收”的税务制度，而“高税收”必然意味着私有财产的减少。私有财产的被迫减少并不能从根本上解决贫富矛盾，稍有不慎就有可能引起民众的怨怒，长此以往必然会导致社会的不稳定和国家治理的混乱。因此，如何平衡和稳定“高税收”和“高福利”之间的关系就显得至关重要。北欧高福利国家以保障公民权利的举措比较好地解决了这个问题，使国家“高税收”税务制度下的“高福利”制度得以保持其可持续性。这种“高福利”制度的可持续性不仅源于民众拥有比较高质量的生活品质和物质精神感受，更源于公民权利对政府公信力的巨大认可。也就是说，北欧福利国家民众享受“高福利”的第一条件“是公民身份而不是市场参与以及市场地位，作为获取收入或是享受公共物品和服务的权利的基础”①。这一点与一些南欧国家的政府缺乏威信的情况截然不同，北欧高福利国家的民众在政府公信力表现非常优秀的情况下相信“高税收”税务制度下的“高福利”依然可以使自己得到与他人一样的关照爱护。因此，北欧高福利国家首先更注重社会公平的福利政策可以在较少主观和客观阻力的情况下持续性运转并得到民众的认可。不得不说北欧高福利国家在创立北欧福利模式的现代化道路发展中作出了非常恰当的选择，即首先解决了政府与民众之间的信任关系，同时也很好地用社会主义的积极因素排除了资本主义的消极因素，用政府管理的手段来化解资本主义经济发展可能产生的危机。

但是需要指出的是，随着全球化的深入，北欧高福利国家的高福利制度体系也面临许多新的挑战。随着经济的不断全球化和分工的进一步精细化，全球金融资本也不断在各个方面给北欧国家政府带来很多压力，这使得政府开始对金融资本管理有所放松的同时也积极考虑降低高福利制度体系下的福利津贴支出，通过更严格的领取福利津贴门槛准入条件、提高民众退休年龄、重组划分中央和地方财权等方式来减少支出。虽然这一系列做法降低了“高福利”支出的数量，但没有减少领取福利津贴状态下的生活品质，同时对防止“懒汉”和“吃白饭”的情况也有一定的作用。毋庸置疑，北欧高福利国家现代化道路发展中注重社会公平而采取的措施是值得我们深入思考的，其注重树立政府公信力的做法有重要的现实意义，其

---

① 戈斯塔·埃斯平-安德森：《转型中的福利国家——全球经济中的国家调整》，杨刚译，商务印书馆，2010，第56-57页。

以政府威信为依托加强经济税收管理对于化解贫富矛盾有重要的借鉴价值。

## 二、实行积极的劳动力市场政策

实行积极的劳动力市场政策是北欧国家在现代化道路发展中不断缩小社会贫富差距的另一个重要措施。北欧国家实行的积极的劳动力市场政策是一套系统性化解贫富矛盾的政策，包括公共就业服务政策、提供职业能力与技能操作培训津贴、来自公营部门或者私营部门的支持性就业岗位和工作机会、倾向于教育学习和实业经济发展的信用贷款政策等，都对国家经济的发展和财富的分配产生了许多积极效果。在系统性劳动力市场政策的调控下，北欧高福利国家的民众失业率基本维持在较低水平，女性的劳动积极性和劳动生产能力得到极大的释放。同时，北欧高福利国家在保护劳动工作机会和福利补贴方面采取了比较保守的措施，在所招募的劳动力资源中很少有北欧高福利国家之外的劳动力。不能说这种措施对长远的经济发展有什么利好，不过在短期看来这种措施确实对保持北欧经济社会稳定发展和实施高福利政策起到了一定的作用。但是此政策并非长远之计，这也是随着全球化的发展，北欧高福利国家为什么要积极调整高福利制度下的财政支出和高福利领取准入门槛的原因所在。有一点需要特别注意，北欧高福利国家的女性就业水平和劳动参与质量都非常高，这一态势造就了后期更多的就业机会和工作岗位，并对公共卫生和教育经济服务产生积极影响。同时，北欧高福利国家积极的劳动力市场政策对于主动防止“懒汉”的产生起到了积极作用，特别是将高福利津贴与参加教育学习或者就业培训挂钩的做法非常值得借鉴，不仅有效防止不劳而获者的增多，同时也提高了相关人员的职业技能水平，从而促进了再就业，这使得“高税收”下的“高福利”财政支出有所缓解，给政府进一步优化各项制度留出了更多宝贵的时间。

## 三、对青少年思想品德教育的重视

在现代化道路发展中，北欧高福利国家都非常重视对青少年的思想品德教育。通过对青少年思想品德教育来不断减少人们对个人利益的过分关注，从基础教育阶段开始引导人们对国家和社会公共利益的关心爱护，大力促进国民素质的提高。换句话说，北欧高福利国家不仅重视具体的化解贫富矛盾的制度构建和政策执行，同时也更加重视对国民身心健康的教育，引导民众之间相互信任心理的建立，促进全民诚信机制的形成。这种全民诚信机制不是过多地受外力的逼迫而形成的，而是因相互信任而自然形成的。不难理解，在政府公信力越高的时候，社会保障机制公开透明运行的概率就越大，民众之间的相互信任度就会越强。加强青少年的思想品德教育可以在提高民众之间、民众与政府之间的信任度的同时，还可以缓解由于经济发展放缓等因素所带来的执行财政紧缩政策时的压力，包括实行积极的劳动力市场政策。民众信任政府作出此种安排是为了堵塞高福利制度体系下可以钻空子的漏洞，而不是为了削减该领取的高福利津贴。这种信任度的产生当然与政府较高的公信力和非常重视青少年思想品德教育息息相关。一句话，从政府角度来讲，获得民众的客观认同和主观理解是北欧高福利国家能够实现国家现代化道路发展的重要原因，也应当成为世界各国现代化道路发展中的重要参考。斯堪的纳维亚模式在现代化道路发展中之所以没有落入“福利主义”的陷阱，是因为其从一开始就重视社会公平的普及，在经济发展过程中保持了政府的公信力和廉洁高效，成功建立起与民众之间的信任沟通机制；推出系统的积极的劳动力市场政策以完善和优化高福利制度体系；加强青少年的思想品德教育，提升国民素质水平，使“高福利”制度与社会道德水平发展阶段相适应。北欧高福利国家在现代化道路发展中所创立的斯堪的纳维亚模式比较好地处理了经济发展和社会公平之间的关系，使全民在充分就业、社会卫生保障与救助、教育提升等方面走在世界的前列，对中国式现代化道路的发展提供了许多启示，在缩小社会贫富差距方面也有很多值得借鉴的地方。随着全球化的深入和经济一体化的影响，北欧高福利国家制度也面临许多新挑战，但斯堪的纳维亚模式中的合理因素仍有借鉴价值。共同富裕作为社会主义的本质和中国式现代化道路的重要特征，不仅需要建立健全完善的政府与市场权责分工明确的体制机制，构建强大的政府公信力和全民诚信机制，也需要作出适时的劳动力参与和分配政策，加强社会主义核心价值观等的培育，推进在中国式现代化道路上实现共同富裕。

## 第三节　拉丁美洲国家现代化道路的“中等收入陷阱”

英国工业革命开启了人类工业文明，开创了现代化发展道路。在现代化道路发展的后发国家中，拉丁美洲国家是一个独特的群体。它们当中的大多数国家自 20 世纪 60 年代以来陆续跨入中等收入国家行列，但是之后的发展却越来越不景气，长时间停留在中等收入国家行列中裹足不前。不论它们采取了哪种所谓的对症下药的经济措施，却一直没有跨过中等收入国家走向高收入国家的门槛。随着全球化的发展，拉丁美洲国家的现代化道路发展最终因掉入“中等收入陷阱”而打上了拉美烙印，成为其他国家现代化道路发展中需要认真反思的对象。

### 一、新自由主义思想的误导

新自由主义思想是继凯恩斯主义之后兴起的新的经济思想，在资本主义国家频发经济危机的时刻登上了历史舞台，在之后的传播发展中很快成为一些国家新的经济指导思想。美国在 20 世纪 70 年代组织一些经济管理人员召开了一次对世界产生广泛影响的会议，形成了一个所谓的“华盛顿共识”。这个共识宣称对拉美国家的经济政策改革发展提供指导和建议，并要求所有期望加入世界贸易组织、国际货币基金组织等世界组织的国家都需要进行新自由主义经济政策的改革。这使得当时致力解决国家现代化道路发展问题的拉美很多国家开始纷纷将新自由主义思想作为国家经济政策的指导思想，放松对金融资本的监管，大力售卖国有产业等，在美国等西方资本主义国家的蛊惑和新自由主义思想的指导下，追求全面的不留余地的全球化、私有化、市场化和自由化，将新自由主义奉为思想圭臬，拒绝政府干涉，使国家宏观调控职能严重弱化，跨国资本的极端运作导致经济混乱、贪腐现象严重、贫富差距越来越大和金融危机频发，陷入“中等收入陷阱”而难以自拔。

新自由主义思想在拉丁美洲国家现代化道路发展中大行其道，发号施令，为国际资本大开方便之门，从根源上讲是以美国为首的西方世界的经济霸权所致，其产生的严重后果在短时间内难以被清除，使拉美国家的现代化道路发展遭遇了严重的挫折。对于拉丁美洲国家的现代化道路发展，以美国为首的西方世界打着刺激拉美国家经济展现活力的旗号，开出所谓的经济发展新药方，将拉美国家当成了新自由主义经济政策的试验田，并在拉美国家所谓的全球化、市场化、私有化和自由化活动中获取大量的资本收入和产品输出等好处。显而易见，这种鼓吹完全的全球化、私有化、市场化和自由化的新自由主义经济思想，如果必须说它对经济社会发展有好处的话，那只能是对现代化道路发展很成功的西方发达资本主义国家来说。西方发达资本主义国家经过长时间的现代化道路发展以后，不论是金融资本的使用水平和工农业产品的市场竞争力，还是抵御金融危机带来的严重影响，拉丁美洲国家都无法与之相抗衡。在一个现代化道路发展还处于探索阶段、尚未取得成功的国家，贸然听从新自由主义经济思想的指导无疑是非常错误的。它忽略了国家现代化道路发展的水平，与经济社会发展程度不相适应，实行所谓的完全的市场经济行为最终的结果只能使自己处于难以脱离的陷阱之中。造成这种结果的重要原因首先“就是没有处理好国内与国外之间的关系，特别是没有认清‘新自由主义’的‘霸权主义’本质”①。实际上所谓的完全的市场经济行为并不存在，不论是欧美主要资本主义国家，还是北欧的高福利国家，在现代化道路发展中并没有采取完全的市场经济行为。相反地，这些现代化道路发展很成功的国家在很多时候都对危险的市场经济行为进行干预或者对一些产业部门进行国家资本主义化。而初期的放任贸易自由的英国只是一个个例，因为它是在没有与其他国家现代化竞争压力的特殊情况下，在资产阶级革命和工业革命的自发状态下第一个实现现代化道路发展的国家。而拉丁美洲的国家现代化道路发展并不具备这样的特殊条件，相反，它面前是一个实现了现代化道路发展的很多个欧美发达资本主义国家，是资本国际化、经济全球化不断加深的世界。因此，拉丁美洲国家在新自由主义思想的指导下，试图加速国家现代化道路发展的做法势必会遭受严重挫折，这导致了拉美国家的国家调控经济的能力普遍严重下滑，导致富者愈富和贫者愈贫。资本和产业垄断，国际资本对权力的影响和掌控，使拉丁美洲国家出现了严重的贫富两极分化现象，政治和经济领域腐败丛生，社会治理趋于混乱，不断滑入“中等收入陷阱”。拉丁美洲国家的现代化道路选择和发展对中国可谓教训

① 马远之：《中等收入陷阱的挑战与镜鉴》，广东人民出版社，2015，第483页。

深刻，我国虽然已经取得了全面建成小康社会的伟大胜利，但是我国人口众多，人均收入还偏低，地区发展不平衡不充分矛盾突出。我们不仅需要在中国式现代化道路发展中努力避免新自由主义思想的影响，还应当坚决反对任何照搬西方国家现代化道路发展的模式，加强政府宏观调控的能力和水平，走社会主义市场经济道路，防止出现“拉美现象”。

## 二、国家社会保险体系一体化的缺失

拉丁美洲国家现代化道路发展之所以出现“拉美现象”，长期滞留在“中等收入陷阱”，还有一个特别突出的原因，即没有形成一个统一的国家社会保险体系。拉丁美洲国家在现代化道路发展中，由于听从了美国等西方发达资本主义国家所谓的经济发展建议和新自由主义思想的指导，使现代化道路发展步履维艰。但是拉丁美洲国家现代化道路发展陷入一系列困境的同时，也造就了一些财富暴发户。而财富暴发户的产生在国家现代化道路发展中非但没有对经济发展起到更多作用，反而对本就拉大的贫富差距产生了许多不良影响。这些财富暴发户连同军人、政府公务员共同构成新自由主义经济政策催生的特权利益群体，而实行的国家社会保险却在国家职能软化的情况下成为这一群人的特别福利，发展至后来才将这一社会保障体系覆盖至银行职员、教师等，而人数众多的产业工人和广大的农民则被排除在外。不论是出于政府财政支出的严重困难，还是受到官僚威权主义和霸权经济思维的主导，拉丁美洲国家现代化道路发展仅仅止于资本大亨和特权财富拥有者的新产生，社会保险体系只是对一部分人有利，更多的底层劳动者并没有共享国家现代化道路发展所带来的利益。当然，拉丁美洲国家现代化道路发展中之所以会出现这种情况，主要原因是存在特权利益群体，他们不仅阻碍了国家社会保险体系在民众中的覆盖面，同时也使政府试图改革这一不合理社会保险体系变得很困难，既难以阻止政府对特权利益群体的福利支出，也难以推进社会保险体系向更多阶层民众的覆盖。这进一步加剧了官僚威权主义的嚣张气焰，政治经济腐败愈发严重，大多数人的贫困持续性发生，国家社会治理更加趋于混乱。

面对这一局面，拉丁美洲国家纷纷在后期开始实行经济政策改革，然而却在没有充分考虑业已形成的经济社会发展情况下，忽视本国现实情况和国际经济发展环境，实行了比较激进的进口替代战略和去工业化进程。在现代化道路发展还没有成熟和成功的时候，拉丁美洲国家施行的这一政策反而让混乱的经济社会发展局面愈发混乱。由于实施进口替代战略，劳动者劳动能力和素质不断下滑，劳动生产率降低，生产成本不断增加，产品竞争力不断下降，贸易闭锁现象日益严重，经济政策制度的结构性调整不力，外汇储备下滑，许多产品的出口明显处于弱势，给国家财政安全带来危险。而尽早去工业化进程使本就复杂的经济形势更趋复杂，国家宏观调控和市场经济调节的关系严重失衡，难以支撑国家社会保险体系的一体化改革，两极分化的矛盾难以得到缓解，使国家现代化道路发展在不断衰落的经济形势中难以稳步向前。也就是说，拉丁美洲国家只有“必须减少现代化进程的社会成本”①才能有效实施经济改革政策，也才能产生有效的社会效益。这让我们不得不思考发展成果惠及全体人民的极端重要性。必须建立完善的普及全体人民的社会保障制度，在现代化道路发展过程中不断优化升级符合经济社会发展水平的一体化社会保障体系。也就是说在中国式现代化道路发展进程中要特别注意共同富裕问题，只有实现全体人民的共同富裕，中国式现代化道路的发展才会沿着正确的方向前进，中国特色社会主义道路才会越走越宽。

## 三、城市化的过度泛滥

拉丁美洲国家在现代化道路发展中还受到了城市化过度泛滥的影响。各国政府刚开始采取了最普遍的工业化发展线路来开展现代化道路建设，并取得了一系列积极的成果。不仅国民收入从低收入台阶迈上了中等收入台阶，而且国民经济发展的速度和产业构成要素的配比一开始都还是在上升曲线上移动，经济的发展也曾经迎来了世界关注的目光。但问题在于随着国家工业化进程的深入，城市化现象，尤其是大城市化现象就会凸显出来，这对保持可持续性的经济社会稳定发展带来很多问题。人类文明史表明人类社会的发展进步必须从农业文明跨入到工业文明，而国家现代化道路的发展与工业文明息息相关。去工业化进程只能是实现国家现代化以后的事情，即便这样，也还要受到科学与技术发展水平的制约。因此，在某

---

① 江时学：《拉美现代化研究中的若干问题》，《拉丁美洲研究》2011 年第 4 期。

种意义上，城市化现象作为工业化的产品，出现一些附带问题是自然而然的，但决不能听之任之，任其将城市化进程激进化。然而，拉丁美洲各国在国家现代化道路发展中，没有重视随着工业化进程而来的城市化泛滥现象，忽视了各类资源配置不平衡的问题，长时间滞留于“中等收入陷阱”，使国家现代化道路的发展面临很多困难。

可以说，城市化现象，特别是大城市化现象在很大程度上加剧了拉丁美洲国家的贫富差距，使资源配置极不合理。随着大城市化进程的加剧，大量的农村人口或者欠发达地区的人们大量向大城市聚集，造成土地闲置、资源浪费。而政府面对越来越多的大城市人口数量只有不断地投入大量的物力财力人力才能使城市各项功能运转起来，这使得政府的财政支出陡增，各类资源配置呈集中化，城市就业消化能力大幅度下降，城市贫民人口增多，贫富两极分化趋势越来越严重。而这些问题反过来又影响了国家现代化道路的发展进程，使各地区经济社会发展和资源配置更加不平衡，解决不断扩大的贫富差距问题越来越成为不可企及的事情。不得不说这是国家现代化道路发展中很重要的教训，其产生的城市化附带问题应当引起我们的重视。实际上，随着改革开放的发展，自 21 世纪初开始，中国在现代化道路发展中确实也已经注意到了这个问题，即立足于邓小平同志关于中国现代化建设“两个大局”的战略思想，国家先后提出和实施了西部大开发战略、振兴东北老工业基地战略和中部崛起战略，毋庸置疑，这是非常正确的选择。因此，中国式现代化道路的发展绝不能走拉丁美洲国家的城市化老路，这会给经济社会稳定发展带来很多问题，对国家的长治久安和建设社会主义现代化强国产生影响。我们要在中国式现代化道路发展中积极化解这一矛盾，加强资源分配朝着更加公平合理的方向发展，朝着实现全体人民共同富裕的方向发展，努力实现各地区各层次发展的平衡性和充分性。

## 第四节　日本“国民倍增计划”下的现代化道路发展的启示

在第二次世界大战之前，日本通过“明治维新”，成为欧美资本主义国家之外唯一实现工业化发展的亚洲国家。“富国强兵”成为日本此时最关心的事情。为此，日本不仅学习西方社会的先进制度和工业化发展模式，同时也走上了通过侵略奴役别国来完成资本原始积累和转嫁国内矛盾的不归之路。日本在第二次世界大战之前开始的现代化道路发展和欧美资本主义国家一样伴随着大量的殖民侵略和奴役掠夺，甚至有过之而无不及。在第二次世界大战前夕，随着日本国内资本主义危机的严重和日本阶层矛盾的凸显，日本战争狂热分子和军国主义政府加大了对中国和其他亚洲国家的侵略步伐，试图通过这样的方式来转移国内危机和矛盾，以支撑日本病态的以军国主义为特征的工业化发展计划。然而随着中国人民的坚决抗战和国际反法西斯同盟的形成，日本疯狂的殖民侵略最终以全面失败告终，日本以“富国强兵”为目的的现代化道路发展也在正义审判中落下帷幕。而在第二次世界大战以后，通过美国对日本“和平宪法”的民主改造和经济扶助，日本再次迈开了现代化道路发展的步伐，并在现代化道路发展中取得了巨大成功，并坐上了继美国之后的世界第二经济大国的位置。日本在第二次世界大战之后的现代化道路发展有许多新特征，通过实施“国民收入倍增计划”和其他现代化的体制机制配套措施实现了藏富于民的“民富模式”，成功打破了“中等收入陷阱”的魔咒，跨入了国民高收入国家行列，再次成为亚洲第一个实现现代化道路发展的国家。它在现代化道路发展中采取的一些有益措施对如今的中国式现代化道路的发展依然有着很多的启示，需要我们从中学习研究，以汲取现代化道路发展的经验教训，尤其是日本跨越“中等收入陷阱”的做法非常值得关注研究。

## 一、“国民收入倍增计划”下的产业结构调整和优化升级

日本“国民收入倍增计划”是在日本经济高速增长的背景下出台的，此时日本虽然经济高速增长、国家富裕，但是日本国民的收入水平并没有实现与 GDP 增长水平的同步，日本有滑入拉美国家那样的“中等收入陷阱”的可能。为了避免这一困境的出现，以池田勇人为首相的新一届日本政府通过研究决定实施“国民收入倍增计划”，它以实现经济的高速增长、提高国民的生活水准、大力促进就业为目标。换句话说，通过实施“国民收入倍增计划”，在实现财富充盈于民的情况下充分拉动内需，以此来促

进经济的高速发展和国民贫富差距的缩小。为了实现这一目标，日本政府通过产业结构调整提高工业和服务业在GDP构成中的比重，加大对高新技术产业和高附加值工业产品的扶持力度，对服务业质量进行升级改造，通过各种措施将大量的资金和人员吸引到第二产业和第三产业。这一方面不仅做大做强了日本高新技术产业和提升了高附加值工业产品的质量，增强了产品的海外竞争力，而且也培养了大批的第二产业和第三产业的高素质人才，使日本的现代化产业发展具备了充足的高素质劳动力；另一方面在产业结构调整的框架下，实行各生产线优化升级战略，加强对服务业的体制机制创新，引导服务业规模化发展，整合相关资源，推动精准化分工合作，促进企业现代化文化下的员工忠诚度培养，扩大产业规模，推动产业联合生产。

与此同时，日本在“国民收入倍增计划”的指导下也加大了对中小企业的扶持力度，引导中小企业组织化生产，推行现代企业制度，使日本中小企业，尤其是小企业从传统生产方式向现代企业生产方式转变。而对在国民生产总值中占比不断下降的农业，日本采取了提高农产品价格，实施针对农产品的生产价格保护制度，增加农民收入，积极推进日本农业发展向现代化生产方式和销售方式转变，提升农民生活水平。可以说“日本经济就是在不断自我调整、克服一道道难关的形势下向前高速发展的”[①]。可以看出，日本在战后的国家现代化道路发展中，通过产业结构调整、生产方式现代化转变和产品优化升级来推动“国民收入倍增计划”的实现，通过“国民收入倍增计划”的实现来化解各阶层的收入级差，实现了国民财富与GDP的同步增长，降低、消除贫富两极分化的“中等收入陷阱”，藏富于民，成功开启了“民富模式”的日本现代化道路。不可否认，产业结构调整、产品优化升级、技术更新换代、企业生产方式的现代化转换成为使日本国民收入倍增的现代化道路发展的必备条件。同样作为亚洲国家，日本的现代化道路发展无疑对中国推进以共同富裕为本质的中国式现代化道路的发展和化解不平衡不充分的发展问题具有重要启示意义。

---

① 罗荣渠：《现代化新论——世界与中国的现代化进程》（增订版），商务印书馆，2020，第468页。

## 二、"国民收入倍增计划"下的教育投入和法治社会建设

日本从20世纪60年代开始，为了使"国民收入倍增计划"成功实施，不仅在经济层面出台了许多符合实际的现代化发展政策，同时也加强了教育资源投入和法治社会建设。战后日本作为经过美国民主改造下的"和平宪法"基础上发展起来的国家，得益于"和平宪法"的滋养和战后美国的经济扶植，日本学习和改造了美国有关职业教育方面的做法，强调实践创造能力，将亲自动手进行制作的职业技能教育融入国民教育全系列，不仅重视师生知识的传授与学习，也重视实践检验和创新能力。直到现在，日本的学校教育从保育园开始依然保持着这样一种传统。比如学生在食堂里吃的蔬菜都是老师带领学生亲自下地种植出来的，这样的做法不仅培养学生的劳动实践能力，同时学校也从营养学、生物学等学科角度对学生进行知识传授和实践教育。日本的这一做法来自"国民收入倍增计划"时期的"教育投资论"理念，通过日本政府的有意引导，日本全社会逐渐形成了教育投资就是获得未来巨大收益的投资这样的共识，公私两方面都非常注重对国民教育和职业技能培训的财政投入，政府的教育经费逐年增加，强调人才对经济社会发展的极端重要性，注重教育的经济社会发展效益和未来价值。

不仅如此，日本还通过对过往体制机制的现代化改造来打通教育关联性产业关系，使教师在其中发挥最积极的作用，提升教师的社会地位和工作待遇，使教师能够潜心教育，为日本经济社会发展培养了大量的建设人才。日本在教育上的投入和教育体制机制的现代化革新是持续性的，这样的持续性也使日本真正尝到了教育投资所带来经济效益和显著价值。自2001年开始日本政府又实施了"第二个科学技术基本计划"，也就是广为人知的"诺贝尔计划"，强调日本应该在国际级奖项获得方面要与欧美主要国家保持同步水平，力争在50年里获得诺贝尔奖人数达到30人。可以说这是非常疯狂的教育投资冒险行为，但是让人难以置信的是日本自21世纪以来，已经有19人获得了诺贝尔奖。不得不说日本取得这样的科学技术成就正是源自20世纪60年代"国民收入倍增计划"实施以来的教育投入带来的厚积薄发和未来价值。教育推动科学技术的进步，科学技术推

动经济社会的高质量发展，经济社会的高质量发展推动社会财富和资源更均衡地优化配置。日本在教育上的投入超过了很多国家，走在世界前列。这对中国来说有莫大启示，中国式现代化道路的发展离不开教育的现代化，实现共同富裕的本质目标更离不开教育体制机制的优化升级和科学技术的发展进步。

日本在“国民收入倍增计划”下解决各阶层贫富分化的问题还有赖于法治社会的建成。第二次世界大战以后，日本无论是从“和平宪法”的制定，还是具体法律的落实，形成了具有日本特色的现代法治秩序。日本现代法治秩序的建成，普遍提高了国民的法治意识，在经济社会发展中发挥了巨大的作用。这不仅使民主法治意识深入人心，起到了对政府可能的不良行为的强烈监督作用，同时也开启了国民法律维权和尊信法律的重要作用，为经济社会发展奠定了良好的依法治国基础。在此基础之上政府又实行了“日本型福利制度”，从幼儿保育开始到养老，经过多年的完善，日本政府构建了一体化的全民保险、全民年金社会保障系统，覆盖了全体国民，用不断健全的法律来维护一体化的社会保障系统的健康稳定运行。同时，日本现代法治秩序的建成也反哺了日本的教育现代化和产业现代化，为它们提供了优良的社会参与环境和发展环境。可以说，日本在推行“国民收入倍增计划”、化解贫富差距拉大、成功跨越“中等收入陷阱”的过程中充分动用了经济、社会、政治、文化、教育、法制等各方面的力量，开展资源整合和体制机制优化升级，在全社会树立起现代化道路发展意识，成功实现了现代化道路发展的目的，进入了国民收入高水平的现代发达国家行列。日本的现代化道路发展在亚洲无疑是具有典范意义的，同时对世界上现代化道路后发国家如何成功跨越“中等收入陷阱”和均衡国民贫富差距无疑也是具有启示意义的。中国式现代化道路的发展，不仅需要以社会主义法治社会为保障，同时还必须重视教育的现代化、科学化，以培养大量的优秀的建设社会主义事业的各类高素质人才，需要对经济社会发展中供需关系进行结构性调整，大力促进高新技术产业发展，培育新经济业态和推进现代经济产业化、组织化、精准化发展，增强国民法治意识，扎实推进全民共同富裕进程，大力促进全社会树立现代化道路发展意识。

# 第五节　中国式现代化道路对共同富裕的追寻

在世界各国的现代化道路发展比较中，作为后发的现代化道路发展的中国是一个特别的存在。中国是一个在马克思主义指导下的由中国共产党领导的社会主义国家，同时中国的现代化道路发展历程又具有中国特色，并在解决现代化道路发展中产生的问题的时候充满着中华优秀传统文化滋养下的中国智慧。这种富含中国特色和中国智慧的道路在世界各国现代化道路发展中可谓独树一帜，既创造了中国式现代化道路，也创造了人类文明新形态，是中国智慧、中国方案对世界人民选择现代化道路发展的伟大贡献。中国共产党领导人民创立的中国式现代化道路，是社会主义的现代化发展道路，是以实现全体人民共同富裕和全面自由发展为本质特征的现代化发展道路，吸取了人类社会发展的一切积极成果，借鉴了世界各国在现代化道路发展中的历史经验，并在符合中国国情和人民意愿的基础上，通过社会主义建设实践最终形成了中国式现代化发展道路。中国共产党带领人民取得了许多伟大历史成就，为解决贫困和化解两极分化，实现全体人民共同富裕的社会主义现代化强国目标提供了坚强的保证。

## 一、中国式现代化道路真正开启的政治和制度保证

共产主义社会是马克思、恩格斯在批判资本主义剥削、压迫的事实和分析其内部不可调和的矛盾基础上逻辑推导出来的，它不仅是一种社会学说和思想体系，更是人类社会形态变化不可逆转的社会发展规律的结果。而资本主义并不会主动退出历史舞台，为了实现没有压迫的社会形态，在不违背社会历史发展规律的条件下必须推翻资产阶级的统治。也就是说首先要推翻旧政权和建立人民当家作主的新政权，即政治解放。它是实现更深层次的经济解放的前提，在经济解放的状态下才能实现全体人民共同富裕的目标，才能最终跨入人的自由而全面发展的共产主义社会。中国式现代化道路的真正开启及发展在这一点上非常典型。在中国共产党诞生之前，中国是一个半殖民地半封建社会性质的国家，帝国主义在中国横行霸道，腐败丛生、军阀混战、经济落后，中国人民生活在水深火热之中。中

国的现代化道路一再被这种乱象干扰阻碍，昔日领先世界的文明古国严重落后于世界发达资本主义国家。在这样积贫积弱的旧中国是不可能实现人民共同富裕、安居乐业的现代化道路发展的。而中国共产党的诞生改变了这一处境，给苦难中的中国人民带来了全新的希望。中国共产党从一开始就作出了为消除社会的阶级区别而努力奋斗的宣示，在新民主主义革命时期领导人民分别开展了土地革命战争、抗日战争和解放战争，取得了新民主主义革命的伟大胜利，为中国式现代化道路的真正开启提供了坚强的政治保证。

中国共产党团结带领中国人民推翻旧政权，建立人民当家作主的中华人民共和国，是中国式现代化道路发展历程中的伟大开端。新中国的建立终结了旧中国半殖民地半封建社会的性质，终结了帝国主义、官僚资本主义和封建主义在中国的横行霸道和对中国人民的奴役欺压。新中国的建立使中国成为真正独立自主的国家，实现了真正的民族解放和人民自由，使中国人民渴望摆脱贫困、走向富裕的希望成为可能。可以说，没有中国共产党，就不会有新中国的诞生，没有新中国的诞生，就不会有中国式现代化道路的真正开启，就不会有“三大改造”的完成和成功建立社会主义制度，就不会有伟大的改革开放和社会主义市场经济的产生，就不会有打赢脱贫攻坚战和全面建成小康社会的伟大成就。需要指出的是，新民主主义革命的胜利并不是一帆风顺的，而是经历了难以想象的艰难险阻，付出了巨大的牺牲才换来的伟大胜利。它是中国式现代化道路真正开启的标志，并为今后的发展中取得诸多举世瞩目成就打下了坚实的政治基础。

随着新中国的建立，“中国共产党坚定地选择了社会主义制度，为中国的现代化勃兴奠定了坚实的制度基础”①。由此，中国人民在中国共产党的带领下又开始了一场前所未有的深刻的社会变革，通过对农业、手工业和资本主义工商业的社会主义性质的改造确立了社会主义制度，扫清了落后的物质文化生产难以满足人民群众希望实现脱贫致富的制度障碍，开始了轰轰烈烈的社会主义革命和建设探索工作。中国社会主义制度的确立从制度上根本消除了资本主义私有制对社会财富的极端占有，也同时消除了产生贫富两极分化并持续性扩大的制度性根源，保证了我国以实现全民共同富裕为目标的社会主义方向。在社会主义革命和建设探索时期，中国虽

① 徐平:《伟大的事实——世界现代化进程中的中国现代化发展》，人民出版社，2021，第223页。

然经历了艰难曲折，但是所取得的伟大成就却不容否认。它是中国式现代化道路发展中的必经阶段，所取得的成就是中国式现代化道路发展的成就，是中国式现代化道路最终形成的重要前期准备。在这一历史时期，我国的工业总产值年均增长率达到了 11.4%，主要机器设备生产的自给率达到了 90%，形成了完整的基本行业格局，兴建了许多新型工业部门，建立了比较完备的工业体系和国民经济体系，这些都是半殖民地半封建社会性质的旧中国无法比拟的伟大成就。基于社会主义建设所取得的这些伟大成就，中国人民的生活水平也在社会主义的曲折发展中有了很大的提高，虽然人民温饱问题没有得到彻底解决，但是在中国的人口增长率不断提升的情况下，中国人的营养水平还是超过了当时发展中国家。虽然在这一时期人民群众物质富裕的程度与发达国家还有较大差距，但是在精神文化富裕方面达到了比较高的水平。中国人的平均寿命、总体健康水平、消灭传染病的医疗救助能力等得到了加强，入学率、扫盲率、识字率等国民教育水平有了很大提高。这些都是中国式现代化道路发展中所取得的成就，是最终实现全体人民共同富裕目标的必备条件。可以说在这一时期，中国式现代化道路的发展始终是沿着国强民富的途径展开的，虽然由于缺乏经验和实践认识水平不够而遭受了很多挫折，但也取得了许多历史性成就，为推进以共同富裕为本质目标的中国特色社会主义现代化道路发展作了有益的探索。

## 二、改革开放征程下的共同富裕道路探索

党的十一届三中全会以后，中国开始实施改革开放，在总结社会主义建设探索时期的经验教训基础上，及时纠正了过去的一些错误做法，将中国式现代化道路的发展重新推上了正确轨道。国家工作的重心从“以阶级斗争为纲”转向以经济建设为中心，对社会主义的本质有了全面正确的认识。以邓小平同志为代表的中国共产党人提出了共同富裕理论，强调贫穷不是社会主义，富裕才是社会主义的特征。指出中国只有不断解放生产力和发展生产力，努力消灭剥削和消除两极分化，实现全体人民的共同富裕，不断提高人民的生活水平才能有出路，中国的现代化才能最终实现。从这样的深刻认识出发，改革开放 40 多年以来，中国人民在中国共产党

的坚强领导下不断解放思想、奋发图强，不仅找到了中国特色社会主义的现代化发展道路，而且中国人民的生活水平也有了非常大的提高，落后的社会生产状况得到了极大的改善，不断丰富和满足了中国人民的物质文化生活需求。为了进一步扫除以共同富裕为本质要求的中国现代化道路上的体制机制障碍，在这一重要历史时期，我国开展了经济、文化、政治、民生等各个领域的改革，破除一切影响和阻碍经济社会发展的落后因素，为中国特色社会主义的现代化道路发展厘清了前进方向。同时我国也积极开展对外友好交流，融入国际社会，加入世界经济发展体系，抛弃过去人们关于市场经济是“姓资姓社”的毫无意义的争论，创立了社会主义市场经济理论。在我国不断完善的基本经济制度和社会主义市场经济理论的引导下，我国经济社会发展在这40多年中取得了长足的进步，生产力得到了极大的解放和发展，国家综合实力不断增强，人民生活水平有了质的提高，已经成为世界第二大经济体，在全球治理和维护世界安全方面发挥着越来越重要的作用。

毋庸置疑的是，40多年的改革开放不仅使中国成为世界上最主要的全球性大国之一，同时也为实现全体人民共同富裕的中国式现代化道路的发展奠定了最坚实的经济社会基础。改革开放以来，经过40多年的发展，中国取得了一系列让世人瞩目的伟大成就。国家治理体系和治理能力不断现代化，在化解各种社会矛盾和解决棘手问题中彰显出国家治理体系的现代化张力。在经济社会发展中不断理顺公平与效率、继承与创新、国家与个体、依法治国与以德治国、民主与自由等关系，加强物质文明、精神文明、政治文明、社会文明和生态文明建设的协调统一发展，为实现全体人民的共同富裕目标创造了全方位的现代化经济社会关系和条件。不仅如此，在邓小平同志“科学技术是第一生产力”的号召下，我国的科学技术水平也不断提升。实施了“科教兴国”战略、“创新驱动发展”战略，建立起独具中国特色的科学研究体系，打造了一大批重大科学技术研究基地和发展中心，在许多科研攻关方面取得了积极成果，升级改造、创新创造出了一批批新技术，不仅极大提升了人民生活水准，同时也引领和产生了许多绿色共享的以科技为支撑的新的生产生活方式，大大推进了中国式现代化道路的发展。不论是从现代化发展的历程来看，还是从人类文明发展的历史经纬来看，“全面建设社会主义现代化国家，是伟大的历史创举，是在中国共产党领导下坚持以人民为中心、以满足人民美好生活需要为根本目的的现代化”[①]。“科技引领未来”在现代中国已不再只是一个口号，而是成为实实在在为国家富强、民族复兴、人民富裕创造巨大生产力的国之基石，成为中国打赢脱贫攻坚战役、全面建成小康社会和实现联合国千年发展目标的重要支撑。

## 三、中国减贫事业的伟大成就

中国人民在中国共产党的领导下，以第一个百年奋斗目标为主轴进行了艰苦不懈的奋斗，实现了全面建成小康社会的宏伟目标，取得了中国减贫事业的伟大成就，消除了绝对贫困现象，实现了不愁吃、不愁穿，义务教育、基本医疗、住房安全有保障。中国共产党向历史和中国人民兑现了承诺，为推进以最终实现共同富裕为目标的中国式现代化道路的发展增强了力量，也为世界减贫事业作出了巨大贡献。

在新中国成立 70 多年以来，中国的综合实力有了质的提高，中国人民的生活水平得到极大的改善，中国经济社会发展欣欣向荣。到 2020 年全面建成小康社会的时候，中国的国内生产总值达到了 100 万亿元，人均国内生产总值超过了 1 万美元，基本医疗保险覆盖超过了 13 亿人，基本养老保险覆盖达到 10 亿多人，高速公路、高速铁路、万吨级码头泊位数量、发电装机容量和互联网基础设施建设规模等都位居世界第一。防治污染攻坚战取得重大突破，“绿水青山就是金山银山”的新发展理念深入人心，以此为基础，中国的文创经济、旅游经济等蓬勃发展，人民的幸福感、获得感不断得到增强。同时政府防范化解重大风险的水平不断提高，有效防止了重大金融风险的发生。取得了疫情防控阻击战的重大战略性胜利，有力保障了人民生命健康安全，维护了经济社会健康稳定发展。中国的脱贫攻坚战取得了历史性胜利，在“十三五”规划时期的标准下，全国 832 个国家级贫困县全部实现了脱贫摘帽，9 899 万农村贫困人口全部实现了脱贫，12.8 万个贫困村人口全部实现了脱贫，解决了中国的区域性整体贫困问题和深度贫困地区问题。到 2020 年底全面建成小康社会为止，中国通过实施“啃硬骨头”、攻坚拔寨的精准扶贫战略，打响脱贫攻坚战役，

---

① 颜晓峰:《在历史交汇点上》，中共中央党校出版社，2021，第 39 页。

所脱贫的人口比世界上许多国家的人口总和还要多，对世界减贫事业的贡献率超过了 70%。不得不说这是人类历史上的大手笔，还没有哪一个国家在现代化道路发展中能够做到这一点，尤其是在一个超过 14 亿人口的国家要实现这一目标可谓更加困难。但是中国共产党领导人民开创的中国特色社会主义的现代化道路在发展中却啃下了这块硬骨头，坚决打赢了脱贫攻坚战。可以说中国全面建成小康社会的伟大胜利，既是中国人民坚决摆脱贫困、不断走向共同富裕的伟大胜利，也是人类社会减贫事业的伟大胜利，为世界各国减贫事业提供了中国经验和智慧。正如法国巴黎第八大学教授、中国问题专家皮埃尔·皮卡尔所说："世界上没有哪个国家能在如此短的时间里取得如此大规模的减贫成就，这为其他国家减贫事业提供了有益启示和借鉴。"①

可以看出，在具有较多代表性的世界各国的现代化道路发展中，虽然模式可以互异，但要使现代化道路发展走得稳、走得长久却不太容易。在现代化道路发展中，不仅需要更新发展思维和促进国家社会发展的各项机能优化升级，同时也更需要注重人的发展和在参与经济社会发展中各项机能的优化升级，即需要特别重视人的现代化问题。人的现代化问题也就是全国最普通劳动人口的吃穿住行基本生存条件的现代化改善，以及后期生活生存质量和参与水准的大力提升。要注重最广大人民的共同富裕问题，不能醉心于偏离人类社会文明发展和最基本人道主义脉络的私人富有者的创造，这会给整个国家的经济社会稳定健康发展带来不良影响，导致贫富差距不断拉大而导致社会的两极化趋势加深，不利于国家现代化道路的可持续性发展。除了北欧奉行民主社会主义理念的部分高福利国家外，世界各主要资本主义发达国家在现代化道路发展的前期，由于种种制度性引导和发展措施偏好，给国家经济社会的长久稳定发展带来了许多社会性问题，致使在后期的国家现代化道路发展中不得不更加注重社会公平问题，出台各种措施来降低极端私人财富的大量聚集，以利于解决贫富差距过大、两极分化趋势加深的问题。也就是说，在现代化道路发展中，特别需要注重人的现代化问题，而人的现代化离不开财富的均衡分配和合理流动，包括物质财富和精神财富等各种财富。国家需要在现代化道路发展中

① 《"中华民族迈向伟大复兴的关键一步"——国际社会积极评价中国全面建成小康社会》，人民日报 2021 年 7 月 8 日，第 3 版。

创造各种有利于人民共同富裕的政策措施和体制机制，得到全体人民的支持，国家的现代化道路发展才能历久弥新。

与此同时，西方主要发达资本主义国家的现代化道路发展经验表明，共同富裕是一项系统工程，政策琐碎式的、灵机一动式的和事后补救式的做法并不能有效解决共同富裕的可持续性。而共同富裕的非可持续性在后期的现代化道路发展中依然会带来很多问题，如财政政策的难以接续、福利待遇的难以可持续性兑现、生活水平和社会建设高质量参与度的降低等都会破坏现代化道路发展的连贯性。而此前西方主要发达资本主义国家通过殖民侵略等非和平手段来转嫁国内贫富差距拉大的矛盾，以及立足于非道德行为基础之上的资本原始积累也并不能真正解决现代化道路发展中出现的问题。因此，保证现代化道路发展的可持续性进行就一定不要造成社会财富分配的无限制鸿沟，需要在现代化道路发展中平衡好国家发展和人民富裕的关系。通过一系列结构性优化升级政策措施和符合实际的体制机制更新完善，促进国民富裕的可持续性和国家发展的可连贯性，走互助联通、和平协作的发展道路，国家的现代化道路发展才会越来越好，才会促进人类文明的进步和人的发展程度的不断提高。

在中国共产党的领导下，经过 70 多年的发展，尤其是改革开放 40 年以来，中国的国家面貌、民族团结面貌、人民生活面貌发生了翻天覆地的变化，开创了中国特色社会主义的现代化道路，创造了人类文明的新形态。在今后的中国式现代化道路发展中，我们需要不断借鉴世界各国现代化道路发展中的有益经验，更加注重人的现代化这个重要抓手，走系统性的可持续的共同富裕发展道路。积极吸收在产业结构调整、教育科学发展投入和引领、社会保障体系一体化建设、政府公信力和社会诚信机制自然构建、法治社会建设和国民道德素养提升、正确处理政府调控和市场调节关系等各个方面的人类社会文明发展的新成果，不断夯实中国特色社会主义共同富裕目标实现的发展基础，推进中国式现代化道路的健康稳定发展。

# 第五章 中国式现代化理论视域下共同富裕面临的难题

中国共产党始终将发展成果共享、带领人民实现共同富裕作为价值追求。共同富裕问题在中国特色社会主义进入新时代、全面建成小康社会的基础上，得以提上中国共产党领导的社会主义现代化事业顶层设计的日程。邓小平曾强调，共同致富，我们从改革一开始就讲，将来总有一天要成为中心课题。社会主义不是少数人富起来、大多数人穷，不是那个样子。社会主义最大的优越性就是共同富裕，这是体现社会主义本质的一个东西①。新时代党的理论和实践基于社会主要矛盾的转化和全面小康社会的建成，党开始将更多注意力投入全体人民共同富裕问题上。习近平总书记不断强调推进全体人民共同富裕、实现共同富裕实质性进展等问题，为新时代中国共产党提出了新的历史使命和重大任务。我国现代化是全体人民共同富裕的现代化，共同富裕是中国特色社会主义的本质要求②。共同富裕问题是一个涉及社会发展方方面面的重大历史性课题，规定了社会发展以及中国式现代化的重要方向和要求。

共同富裕是社会主义的本质要求，是中国式现代化的重要特征③。共同富裕问题是在现代化理论与实践研究下展开的。现代化理论的提出、成长和演变的每一个阶段都产生了广泛而深远的影响，吸引了世界各国专家学者的研究、讨论和探索。现代化理论是随着资本主义社会成长与发展而产生和发展起来的，并且在资本主义社会发展的不同阶段呈现不同的研究对象、旨趣、路径、方法和立场。基于现代化理论本身同社会发展的密切关系，使其具有极强理论生命力，其内部的学术流派和理论观点为不同国家、不同学术群体所接受和争论，足见其广泛的影响力，为认识不同国家

---

① 中共中央文献编辑委员会编《邓小平文选》第三卷，人民出版社，1993，第364页。

② 习近平：《论把握新发展阶段、贯彻新发展理念、构建新发展格局》，中央文献出版社，2021，第9页。

③ 习近平：《扎实推动共同富裕》，《求是》2021年第20期。

和社会提供了不同的视角和工具。本研究是在广义层面上认识、讨论和运用现代化理论的。现代化理论从萌芽到成熟，大致经历了三个嬗变阶段，并且在广度上不断扩展，在深度上不断深化。第一阶段是萌芽阶段，现代化理论是在资本主义不断发展而矛盾问题也不断显现的时代背景下产生的，主要有圣西门、孔德、涂尔干和韦伯等学者总结和探讨欧洲国家资本主义现代化的历程、经验和存在的矛盾问题。第二个阶段是形成时期。第二次世界大战结束之后，现代化理论的研究中心基于国家实力的转变而转到美国，社会学家帕森斯、政治学家亨廷顿等提出了比较完整的理论体系，在传统现代化理论发展成熟的基础上，为现代化理论的进一步嬗变提供了启发。第三个阶段，从 20 世纪 60、70 年代至今，现代化理论的研究旨趣基于第三世界国家的发展和崛起，转变为发展中国家实现现代化的问题，核心是在发展中国家如何实现现代化，由此产生了对现代化理论的反思和批判等。中国的现代化理论正是在现代化理论不断嬗变和国内外各类矛盾问题凸显碰撞的背景下不断成长和发展起来的。中国作为最大的发展中国家和社会主义国家，其现代化理论在体现了现代化理论共性特点的同时也表现出独特性和复杂性。

中国关于推进和实现共同富裕问题的探索和讨论都要受到现代化理论的影响。中国共产党既没有照搬西方模式，也没有照抄苏联模式，而是义无反顾地走上一条自主现代化之路①。中国要在现代化进程中实现共同富裕，首先要面临几方面的大问题。第一，如何理解现代化的内涵，这规定着共同富裕的内涵。在宏观层面，中国的现代化是从简单到复杂逐渐丰富起来的。现代化的几个方面的完成度为共同富裕提供了不同方面的支撑，而现代化各部分各方面之间的协调程度决定了共同富裕的共同性、全面性，而最终人的现代化才是共同富裕的根本实现和持续发展的条件。第二，现代化过程中如何处理多元化的微观主体之间的关系问题，利益分化以及主体的多元化是现代化的重要表征，多元化在实现了人的自由和全面发展的同时，也造成了利益的分化以及冲突，如何在多元化利益群体中实现利益的协调以及合作，实现先富带后富和共同富裕等都需要通过制度改革和文化构建等来推动。第三，现代化的最终实现要通过制度来规范多元

① 艾四林:《党的十九大与社会主义现代化理论的丰富和发展》,《思想理论教育导刊》2017 年第 12 期。

主体的关系，平等地进行利益的生产和分配，在这一过程中，如何把蛋糕做大，如何更好地分配蛋糕，如何在起点、过程和结果上选择协调公平与效率的问题等等，都需要制度设置来完成。第四，现代化问题最终是人的现代化，所有的现代化物质文明都需要凝聚成人的现代化才能够证明这个现代化社会的理论和实践是正确的、文明的，而不是脆弱的、临时的。最重要的是通过社会文化来实现现代化的持久稳定和有效运转。第五，如何在国际竞争激烈背景下实现自身现代化理论与实践的合法性与有效性问题。中国现代化理论的科学性、可行性规定了共同富裕实现的程度。发展中国家现代化属于输入型、后发型现代化，在可以借鉴先行现代化国家经验教训的同时，还受到其在理论和实践上的约束和规范，这就规定了发展中国家发展现代化过程中要时刻受到先行国家的评价、批评、影响，甚至控制。发展中国家要做的应该是基于本国国情，既要借鉴优秀经验，也不能照搬照抄他国模式。这是很多发展中国家发展现代化失败经验带来的启示，但基于不平等的国际秩序和国际关系，实现这一基本要求都是很难的。既要实现现代化又要将自身的前途命运掌握在自己民族的手中，鲜有国家能够做到。

共同富裕不是简单的财富富裕和物质富裕等有形之物的富裕，而应该是政治、经济、文化、教育等所有方面的富裕。各个方面的富裕应该是互为保障和条件的。现代化是系统性概念，部分现代化理论家直接将现代化等同于工业化、西方化，这实际上是窄化了现代化的范畴，使得本来开放性的理论日渐丧失生机活力。现代化应该是社会方方面面的转化过程，包括政治、经济、文化等全领域的由传统向现代的转化过程。在这一过程中，微观主体的成长及其彼此之间的关系，以及可供选择的现代化的路径、现代化的方向目标等内容都是不同的，这些因素经过排列组合，形成复杂的现代化范式。但发展中国家采取的西方现代化模式大都没有取得成功，这其中的问题和原因是复杂的。相比之下，中国的现代化在共同富裕的方向上取得了丰富的成就，是中国特色社会主义制度优势的充分体现。“在经济快速发展的背后，我们还需要注意到，我国人均国内生产总值仍处在中等收入阶段……城乡之间、东部和中西部之间的发展差距仍然较大，民生和环保方面还有诸多短板。”① 新时代下，共同富裕在取得丰富成

① 张春满：《论共同富裕的政治基础》，《探索》2019 年第 3 期。

就的同时仍然面临艰难的挑战。现代化理论视域下共同富裕面临的难题是由中国发展现代化以及路径选择所面临的重要问题所决定的。在现代化理论视域下中国共同富裕面临的难题主要包括：一是现代化为共同富裕提供的基本保障和根本动力不足；二是社会结构日益分化造成了不平衡不充分的问题；三是共同富裕的顶层制度设计还有待完善；四是共同富裕的文化基础薄弱。只有处理好这些难题，中国特色社会主义现代化走向共同富裕的方向目标便能够得到有效保证。

## 第一节　实现共同富裕的现代化基础和动力有待增强

共同富裕是在现代化的过程中不断丰富和实现的，现代化为共同富裕提供了物质、政治、文化和生态等全方位的基础和动力。我国作为一个拥有 14 亿人口的发展中大国，仍处于社会主义初级阶段，严重面临发展不平衡不充分的问题。尽管我国的经济发展程度已经排在世界第二位，但我们的现代化遇到的问题纷繁复杂，实现现代化仍然是一个极其复杂而艰巨的历史任务。共同富裕作为中国式现代化的内在规定性，在中国特色社会主义进入新时代以来，已经具备了更加稳固的政治制度基础和经济条件，但面临新时代阶段的新特点新挑战以及世界百年未有之大变局的时代大趋势，共同富裕的实现以及中华民族伟大复兴的中国梦的实现必须准备面临更多具有新的历史特点的挑战和困难，对现代化的基础和动力提出了更高要求。总之，从宏观层面上讲，我国在建设社会主义现代化的方向和过程中已经创造了前所未有的历史成就，创造了中国历史，改写了世界历史纪录，是中华民族的伟大光荣。新时代共同富裕的提出，对新时代中国的现代化提出了新的更高要求。基于新阶段共同富裕的目标、特点和要求，现代化发展的现状主要存在现代化的主要领域发展充分性不足、各领域之间协调性和融合性不足以及人的现代化仍需强化等方面的问题。

共同富裕是中国式现代化的重要目标，同时，中国式现代化所取得的成果构成了共同富裕的基础和动力。中国共产党及中国人民对于中国式现代化的认识经历了一个长期的探索过程。中国的现代化自鸦片战争以来便表现出由表及里、由简单向复杂、由西方向本土、由被动向主动不断提升的变迁过程。从学习器物，到学习制度，再到之后学习资本主义思想文化，但大都失败了，只有马克思主义救了中国，造就了中国的社会主义现代化的根本基础，规定了共同富裕作为社会主义现代化的重要目标的内在要求。中国的现代化起初是在外部力量强力冲击下产生的输入的、被动的、低层次的现代化。近代西方国家资本掠夺造成了中国现代化起步晚、基础薄弱等问题。随着中西方科技力量差距的不断扩大，西方在科学技术领域确立起霸权垄断地位，对发展中国家设置科技壁垒。虽然改革开放40多年来中国的现代化取得了非凡成就，在工业产值、国内生产总值等数据方面都已赶超了很多发达国家，但总体来看，同发展上百年的西方国家相比我国的现代化水平还处于劣势地位。具体表现为中国现代化的主要内容的发展充分性还有待提高；总体表现为规模巨大、体系完整，但实力不强，核心竞争力仍弱于西方发达国家。再加上中国作为人口规模庞大和领土面积巨大的国家，其潜在优势仍没有得到有效的发挥。

## 一、工业现代化大而不强，可持续能力有待增强

工业现代化是中国式现代化的重要动力，是实现共同富裕的重要物质基础，具有不可替代的作用。新中国成立70多年来，中国从一个传统的农业大国历尽艰辛成长为举世瞩目的现代化的工业大国，实现了从站起来、富起来到强起来的伟大飞跃。中国从一穷二白的零基础建立起体系完备、种类齐全的现代工业体系。这是发展中国家独立自主发展的巨大成就，在世界历史的宏观背景下可以称得上是奇迹，这为中国在现代化过程中实现共同富裕奠定了坚实的物质基础。没有这一支柱性基础条件，其他所有一切现代化成就都只能是建在沙滩上的城堡。同时，我们也要看到，新时代下，国内外历史条件的急速转变，再加上新冠肺炎疫情在全球肆虐，为世界治理和国家治理提出了更多的不确定性，对我国的工业现代化也提出了更高的要求。相对于风险和挑战，相对于人民的美好生活需要，相对于国际竞争压力的加剧，我国工业现代化，或者说是新型工业化，还存在发展不充分、不可持续、不协调等制约因素和短板问题。

在宏观层面，我国工业现代化面临双重压力。一方面总体工业水平大而不强，工业结构不平衡不协调，关键技术领域遭遇“卡脖子”。这些问题导致中国工业体系建设在核心技术、关键领域、智能设计与制造、数字

化等方面同发达国家有较大差距，属于实现工业化的后期阶段和攻坚阶段。中国在关键基础性材料、核心工业零部件、高精密材料和仪器、先进制造工艺等核心性、基础性工业化领域还面临发达国家的技术壁垒和垄断，直接限制了工业产值的提升、工业现代化的健康发展。如中美关系出现波动以来，在美国芯片政策的压力之下，中兴和华为这样令国人骄傲的民族企业，明显处于被动地位，几十年的辉煌成就，也无法避免一朝受制于人。这在很大程度上警醒了中国人民，中国工业现代化面临的重要挑战是大而不强的问题。工业体系再完整，缺少重要的核心技术，也难以实现新型工业化，难以最终成为工业化强国。同时，随着保护主义的抬头，西方发达国家开始反思“制造业空心化”问题，积极推进新的工业发展战略，美国、德国等国家，基于其在科技领域、资本领域、商品领域、军事领域等方面的强权，鼓励和要求分散在世界各地的制造业公司、企业回归本国，这势必造成世界工业格局的重大变化，对中国的工业现代化造成重大压力，也为共同富裕的顶层设计带来很多不利影响。与此同时，中国国内实体资本盈利空间的不断压缩导致众多国家采取将跨国公司及实体工业投资转移到金融行业或其他国家，根据国家统计局统计，2020 年度外商在制造业的投资同比降低 10.8%[①]，制造业发展动力不足与基础薄弱的风险凸显出来，可能会产生对中国式现代化和共同富裕基础的侵蚀和动力的弱化。

另一方面，中国工业现代化面临日益增加的转型压力。随着中国国内经济社会的不断发展进步、人民生活水平的不断改善，生活成本和劳动成本也日益提高，中国的人口红利达到峰值后开始转弱。另外，随着生态问题的不断凸显，生态文明和可持续发展的理念不断深入人心，中国工业现代化面临日益增加的转型压力，新型工业化的概念和实践得到日益关注。由于我国低成本的工业优势日渐减弱，新兴发展中国家快速崛起，凭借更为低廉的劳动力优势加入了国际分工的竞争。低端产业链开始转移至新的发展中国家，而中国仍存在大量的劳动力从事低端产业，其工作和生活压力日益增大，为共同富裕提出了新的挑战。比如，越南、泰国等国家以代工为主的生产竞争力不断增强，导致中国沿海以出口为导向、代工为主的

① 《中华人民共和国 2020 年国民经济和社会发展统计公报》，国家统计局官网，http://www.stats.gov.cn/tjsj/zxfb/202102/t20210227_1814154.html，访问日期：2022 年 2 月 17 日。

企业纷纷倒闭。这一情况是中国由发展中国家向发达国家、由工业化国家向后工业化国家转型必然要面临的问题。

## 二、农业现代化基础较弱，“三农”问题是短板

现代化是社会各个方面的系统化转换的过程，工业现代化、信息化、城镇化、农业现代化在中国的现代化的进程中是“并联”式同步进行的，但农业现代化是其中的薄弱环节，成为现代化实现的主要短板。中国从古至今便是农业大国，但仍未达到农业强国的水平。总的来看，当前农业基础还比较薄弱，农民年龄与知识结构、农村社会建设和乡村治理方面存在的问题较为突出[①]。其中农民受教育水平较低，根据2017年统计局发布的农业生产经营人员情况，高中以上学历仅有8%多一点，大专以上更是低至1.2%[②]，这就在主体层面限制了农业现代化的发展。中国农业现代化的现状仍难以适应实现共同富裕实质性进展的要求和挑战，面临诸多困难。

在宏观层面，农业现代化面临国际农业资本的约束、同现代化其他部分之间存在张力两个方面问题，这也在很大程度上造成了农业现代化微观层面的众多困难。国际农业资本的约束主要体现在国际农业市场处于西方垄断资本所构建的农业资本主义体系的控制之下，西方发达国家及其垄断资本控制的跨国企业掌握着定价权和主动权，尤其是在农业种子、农业科技以及化肥等方面，对发展中国家农业可持续发展造成了重大的压力和挑战。中国农业基础仍然薄弱，在国际农业市场中处于劣势，中国的粮食生产难以同发达国家的农业生产竞争。在西方掌握世界农业产品定价权的背景下，中国农业如何实现可持续发展不仅仅是经济问题，更多的是政治问题。如何保证国内粮食生产等农产品生产的可持续性和积极性，同时还能利用好国际市场机制是一个重要的问题。另外，农业现代化中所需的各方面资源，如土地、资本、人口等，在虹吸效应下日渐流失到工业现代化、城镇化等其他部分，造成了农业现代化基础的弱化以及发展动力不足的问题。如国家统计局数据显示，居住在乡村的人口为509 787 562人，占全

① 中共中央党史和文献研究院编《习近平关于“三农”工作论述摘编》，中央文献出版社，2019，第8页。

② 《第三次全国农业普查主要数据公报》，国家统计局官网，http://www.stats.gov.cn/tjsj/tjgb/nypcgb/qgnypcgb/201712/t20171215_1563599.html，访问日期：2022年2月17日。

国人口的36.11%。与2010年第六次全国人口普查相比，乡村人口减少164 361 984人[①]，且我国人口老龄化呈城乡倒置的特征，农村老龄化程度高于城镇。再加上农业、农民和农村在整个社会观念中的形象、重要地位和文明价值都面临着可能被城市文化所湮灭的问题，尽管少数乡村实现了显著发展，农民增收的渠道日渐多样化，但很多农业主产区农民仍然主要从事粮食生产，而其他收入渠道较少，乡村产业难以升级，造成发展停滞。这两个宏观层面的问题使农业现代化的发展滞后、农民实现共同富裕的后续动力难以提升。

在微观层面，农业现代化面临更为具体的难题。一是农业经营模式的转换问题。在城乡二元疏离的整体背景下，“由于欠账过多、基础薄弱，我国城乡发展不平衡不协调的矛盾依然比较突出”[②]。农村与城市的交流不畅、小农户难以同大市场产生足够联系、农业科学技术的普及不到位等因素造成了农业经营模式转换的困难，主要表现为小规模和简单化生产，具体表现为，成千上万的小农户如星星般散布在中国的广大农村，经营着各自所承包的小块土地，依据小农户的个体化需要而不是政府、市场的需要进行农作物的简单生产，受自然条件的影响极大，在很大程度上还是靠天吃饭，在市场中处于劣势地位。这就造成了农业现代化发展的滞后性。二是农业科技宣传普及和应用的问题。广大农民的一个普遍形象就是“老农民”，这一“老”字，一方面表明了广大农村的生产主体的老龄化问题，另一方面是对农民思想观念落后，依靠农业生产经验进行生产，缺乏现代化农业生产知识和技术的反映。基于这一主体因素，农业科技宣传普及的效果难以彰显出来，同时农村技术人才和新技术的推广也没有形成有效的机制，造成了农业现代化的动力基础薄弱，同时基于传统的农业生产方式，造成了资源的浪费和生态的破坏，农业现代化的可持续性问题日渐凸显。

---

① 《第七次全国人口普查公报》（第七号），国家统计局官网，http://www.stats.gov.cn/tjsj/tjgb/rkpcgb/qgrkpcgb/202106/t20210628_1818826.html，2022-6-17。

② 中共中央党史和文献研究院编《习近平关于“三农”工作论述摘编》，中央文献出版社，2019，第33页。

## 三、科技现代化遭遇西方技术壁垒以及自身科研创新能力较弱

现代化的核心问题以及共同富裕的首要问题还是发展生产力的问题。实现共同富裕的基本前提是“做大蛋糕”，这也是根本性的问题。经过40多年改革开放，中国在科技现代化方面已经取得了重要的成就，特别是党的十八大以来，我国经过几十年的积累，重大科技创新竞相实现突破，在一些领域，我国同西方发达国家已经可以并驾齐驱，甚至实现超越，科技实力正在从量的积累迈向质的飞跃，从零星突破和超越开始呈现出全面性、系统性超越的趋势。但在很多领域中的核心性、基础性科学技术的研发与应用同发达国家还有很大差距，在关键领域受到西方发达国家的限制与压制。总之，核心技术、关键技术、颠覆性技术的“卡脖子”问题的解决与否不仅关系到新时代能否实现共同富裕实质性进展，在更高层面关系到中华民族的前途命运能否掌握在自己手中。在国际上，没有核心技术上的优势就没有政治上的强势。在关键领域、卡脖子的地方要下大功夫①。这具有重要的政治意义。

“卡脖子”的问题具体表现在以下几个方面。首先就是以芯片为代表的硬件问题。小小的芯片是人类科技和制造业的精髓和重要成果，随着芯片的不断更新和发展，芯片日益成为人类科技和制造业的核心部件，成为扼住人类前途和命运的重要工具，谁掌握了芯片的完整生产体系，谁就掌握着人类技术的未来。中国在芯片设计和应用方面有较高水平，但材料、制造以及工业母机制造等是短板，芯片生产的核心部件、材料和技术几乎都要依赖西方发达国家。另外，在实验室、医院、工业企业等重要部门和领域中的高端仪器和设备都是通过高昂的价格进口的，而且还不是最先进的设备。其次是基础软件的设计与开发的短板。手机和电脑的操作系统基本都是苹果的iOS、谷歌的Android和微软的Windows操作系统，还有大型工业软件、学校科研软件等基础性软件都是外国的，这些都是我们中国的短板。通过这些软件，西方国家严重影响着中国的科研与教学、工业现代化、信息化等方面的发展和安全。最后是发动机领域，尤其是航空发动

① 中共中央文献研究室编《习近平关于科技创新论述摘编》，中央文献出版社，2016，第41页。

机领域。发动机的短板长期以来制约着中国的工业、军事和社会的发展。在普通发动机方面，中国由于新能源技术的发展，在混动、电动等方面实现了突破，改善了普通发动机的劣势问题。而在大功率发动机方面，如航天发动机方面仍然处于受制于人的地步，软件、制作工艺、材料和程序等都面临西方国家的技术壁垒和垄断，在这一方面，中国还需要长期的技术积累和科研投入。从事这些行业的跨国公司在赚取中国高额利润、“帮助”中国“做大蛋糕”的同时，也拿走了大比例的“蛋糕”。如何通过科学技术的创新创造、追赶与超越，将这些关键性、基础性和颠覆性的科学技术掌握在自己手中，将前途和命运掌握在自己手中，是新时代实现共同富裕的重点。

“卡脖子”的比喻直白地指明了这一问题的严重性，对于这些要不来、买不来和讨不来的核心技术，只能靠自力更生才能够不断地实现突破。要将美国公布的对中国进行制裁和技术限制的领域清单转变为中国进行科学技术攻坚任务清单。我国科研领域自身还存在一些具体问题。一方面是量化考核机制存在不合理之处，违背了科学技术研发的规律性，导致科研工作浮躁化问题。另一方面是人才培养机制和激励机制的问题，大量优秀的青年人才放弃科研工作。同时，随着中西方竞争的日益激烈，西方国家对中国科学工具与器材等的限制与对相关科研单位的制裁，都对科研创新工作造成不利影响。总之，我国的科技发展基础同西方国家相比仍属薄弱，在技术累积时间和经验总结、科学发展的系统性和内生性基础等方面都需要长期积淀才能够实现超越和发展，需要长时间由简单到复杂、由低级向高级的发展或跨越式创新突破，但这一过程必然是前所未有的，必然面临发达国家的全力打压和压制。

总的来看，工业现代化、农业现代化、科学技术现代化等不同领域的现代化之间发展的水平和速率不同。现代化在西方历史进程中呈现为由简单向复杂、由单一向多元化发展的长期历史过程，其特点是长期的、串联式的、内生性的和系统性的。虽然在话语表述上分为不同部分或领域，但现代化归根到底是一个涉及社会各方面的一体化历史进程，不能造成各个部分的割裂，甚至相互排斥。现代化不同部分的发展协调性不足的问题在现代化内生性不足的发展中国家尤为明显。中国作为最大的发展中国家，中国的现代化是在外部力量的强力冲击和资本主义体系输入的大背景下开启的，面临先天发展不足、后天发展协调性不足、内生动力和可持续发展能力不足等问题。现代化不同部分的发展协调性不足造成甚至加剧了不同领域、不同部门之间的差异，这给共同富裕的实现带来了一定的压力，直接影响着富裕实现的共同程度。

共同富裕是中国式现代化的重要目标，反过来中国现代化的既有成果构成了共同富裕的重要基础和动力。中国特色社会主义进入新时代，中国现代化水平得到了明显的提升。要实现共同富裕实质性进展，对现代化水平又提出了新的更高要求。我国现代化经过新中国成立以来70多年的建设和改革开放以来40多年的发展已经打下了坚实的基础，这个基础就是民族的完全独立，国家和民族的前途命运掌握在自己手中，建立了中国特色社会主义制度，构建了中国特色社会主义理论体系，成为世界第二大经济体等。这一基础是其他发展中国家所鲜有的。有了这一基础，中国式的现代化只是量的积累问题，是质量高低的问题，而不再是其他发展中国家所面临的现代化能不能行、有没有的本质性问题。同时，我们也要明白，现代化是复杂的系统问题，共同富裕也不仅仅是物质层面的富裕。所以，当前中国的现代化还需要继续实现创新创造，不断深入推进和实现精神层面的富裕。另外富裕不是一部分人的富裕、不是城市的富裕，而是所有中国人民的共同的富裕，所以对现代化发展的充分性和协调性提出了新的更高要求。共同富裕是社会主义的本质属性。中国作为一个社会主义国家，完全有能力克服欧美国家不公正的富裕社会的种种弊端，寻求并努力实现一种全面、公正、共享的富裕社会[①]。这就需要不断深入推进现代化发展的充分性和协调性，以此为共同富裕的实现提供坚实基础和充足动力。

## 第二节　社会关系结构：社会发展不平衡不充分造成多元利益张力增加

多元化及多元互动是现代化发展的重要表征，多元化不仅表现为社会治理主体的多元化，还包括思维方式、生活方式、价值观念等方面的多元化，是对传统社会中单一主体、单一思想和生产生活方式否定的结果，是

① 魏后凯：《从全面小康迈向共同富裕的战略选择》，《经济社会体制比较》2020年第6期。

社会进步的重要表现，标志着社会发展进步的可能性不断丰富。但这种可能性带来的不一定是进步和发展，也可能带来更多的矛盾和冲突，给整个社会的稳定与巩固造成巨大压力，甚至造成共同体和共同利益的崩坏。多元主体在现代化发展的过程中获得的资源、发展的速度以及对现代化发展机会的把握都是不均衡的，在现代化发展的短时间内，人类创造的产品比以往人类所有时代创造的所有产品总和还要多，人类社会的发展速度和转变的广度深度等都得到极大的提升。在这一过程中，单一的社会结构逐渐发展为多元化的结构，而多元主体之间的差距也不断扩大，多元主体之间关系的不平等造成了多元主体之间的矛盾冲突不断增加。如何消解差距带来的不稳定因素，变成了现代化进程中面临的重要问题。改革开放以来，中国的现代化不断发展，在全体中国人民物质需要得到基本满足的基础上，社会发展不平衡不充分的问题日渐凸显，阶层分化、贫富差距扩大等多元主体的差距问题日渐对国家和社会稳定与治理形成了更大压力。多元主体和社会发展的不平衡不充分问题具体可以分为阶层分化、相对贫困的问题，多元主体具体利益间的张力以及既得利益集团或群体形成壮大的问题，这些都对新时代实现共同富裕实质性进展形成了巨大压力。

## 一、相对贫困问题的复杂性造成了推进共同富裕的长期性与艰巨性

新时代中国的绝对贫困问题成为历史。2012 年至 2018 年，中国每年有 1 000 多万人稳定脱贫。中国成为世界上减贫人口最多的国家，是第一个完成联合国千年发展目标中减贫目标的发展中国家，对全球减贫贡献率超过 70%[①]。在这一背景下，解决相对贫困问题将是推进共同富裕实现实质性进展的重要攻坚任务。富裕是相对于贫困而言的重要概念，减少或消除贫困是全世界人民的共同期望。改革开放以来，贫困问题成为建设小康社会面临的重要课题，也是难点所在。经过 40 多年的改革开放，尤其是进入新时代以来，以习近平同志为核心的党中央着眼于全面建成小康社会，围绕绝对贫困问题进行全面部署，通过动员各个方面的力量在中华大地上

---

① 中华人民共和国国务院新闻办公室:《为人民谋幸福：新中国人权事业发展 70 年》,《人民日报》2019 年 9 月 23 日，第 14 版。

消除了绝对贫困，这是中华民族史上的巨大功绩，创造了人类文明史上的奇迹。尽管如此，我国仍存在大量的低收入群体，他们徘徊在贫困线上下，如果不能有效提高其生活水平，极有可能因病因灾而变为贫困人口。这也是我国提高扶贫标准线后贫困人口不减反增的一个重要原因[①]。

相对贫困问题是人民对美好生活需要同不平衡不充分发展之间的矛盾的重要表征。相对贫困是由多种因素重合叠加造成的通过比较可明显察觉的贫困状态，表现为复杂性、相对性、发展性等特点，这也拓展了共同富裕理论和实践空间。如何清楚界定相对贫困的概念和内涵关系着共同富裕的内涵与标准。

首先是相对贫困的复杂性。这一特点是基于绝对贫困的问题产生的。绝对贫困的基本标准就是人民群众的生存权利的获得与否，而相对贫困的标准在于人民群众的发展权利的获得与否。发展同美好生活需要具有内在的契合性，不仅仅是以经济收入为考虑标准，更多地体现为个体个性化需求，如生态环境、政治参与、社会福利等的不同程度、不同领域的需求。这是涉及人的全面发展的问题，所以，相对贫困的复杂性决定了共同富裕的复杂性与艰巨性。

其次是相对贫困的相对性。相对贫困重在贫困的“相对性”，是在完全解决了人民群众基本生活需要的基础上，多元主体之间仍没有实现个人的全面发展成为所有人全面发展的条件的前提下，彼此之间关系和发展存在的不平衡不充分的问题，这种不平衡不充分是差距存在的必然结果。如何消除这种差距，具体可以通过制定标准、制度和政策实现社会的公平正义，但在抽象层面如何构建一个能够容忍适当差距而避免平均主义的社会心理则是一个复杂的问题，这涉及如何认识和解释仍然存在的差距和不同，甚至一定程度的差距扩大和分化。这都需要通过制定一个能够获得社会广泛认同的标准、制度和政策来实现。

最后是相对贫困的发展性。相对贫困由于其模糊性、相对性，其本身的概念和内涵呈现出不断丰富和发展的动态状态，这就造成了相对贫困对共同富裕的要求会不断增多和提高。一方面，随着经济社会的不断发展以及社会空间领域的不断扩展，相对贫困的比较维度不断增加，相对贫困问

---

① 张峰：《共同富裕取得更为明显的实质性进展：新的庄严承诺》，《人民论坛·学术前沿》2020年第12期。

题将会面临一个不断凸显或者是更加严重的趋势。例如，在绝对贫困阶段，人民群众只比较彼此之间的收入多少、生活资料的多少，多元主体之间的差距是极其明显，同时也是极其有限的。而在相对贫困阶段，随着比较维度的增多，除收入外，信息、娱乐、教育、旅游等涉及人的多样化的生活样态的比较都将表现为相对贫困的问题，这极大地增加了共同富裕实现的困难。

造成相对贫困的原因也是多维的、复杂的，大致可以从社会整体环境和自身能力获得两个大方面来论述。社会整体环境又可以分为经济、政治、文化、社会以及环境等五个方面，以此来分析不同维度的相对贫困及其原因，对于新时代推进共同富裕具有重要的意义。自身能力是主体同社会互动的结果，受社会整体环境影响，但主体自身能动性的调动以及自我期望的设定是更重要的。自我期望的设定难以界定，如果主体自身可以包容相对贫困的发生和存在，或者不认为自身存在贫困，自我的获得感与幸福感较多，则相对贫困便不存在。除此特例之外，大多数人对自身的相对贫困问题将会随着经济社会的发展、网络资讯的发达而不断认识到相对贫困的多维度存在，这种认识发展的速度以及主体对其心理承受能力同实现共同富裕之间存在张力。如果社会整体环境能够提供多元主体改善自身相对贫困状态的条件，则这一张力能够保持在合理区间之内；如果社会整体环境难以提供有利条件，则张力增强，对共同富裕实现形成的压力便不断增加。

解决相对贫困需要社会整体环境或整个系统协调运转起来，为多元主体提供丰富的条件、机会和平台，将多元主体都纳入一个基于共建、共治和共享的合作共同体之中，才能改善和消除相对贫困。经济方面基本包括福利保障、公共服务、就业机会等存在的不平衡不充分的问题，基于城乡差异、地域差异、性别差异以及工作差异等，不同群体获得的条件和机会有明显不同。政治方面主要是政治参与的不足，基于参与意愿和能力的不同，多元主体在政治参与过程中的机会也不同，甚至基于经济、文化和社会资源等条件的缺乏，部分群体被排除在政治参与之外，造成了利益分配和共享的不公平不均衡，这造成一部分群体的权利诉求难以通过政治参与来实现。文化方面呈现出多元化、个性化的问题。一方面要保证社会主义核心价值观在多元文化中的主导作用，另一方面要充分满足人民对教育、娱乐等方面的需要。当前教育资源的分布不均造成的潜在问题不断凸显。生态环境方面，地域自然环境的差异造成了相对贫困问题。南方和北方，东部、中部和西部的梯次差距在一定程度上是由自然地理条件造成的，其中还涉及民族均衡和谐发展的问题，就更复杂了。这些问题都需要制度和政策的安排来完善和补救。所以，习近平总书记才多次强调，要坚持问题导向，多谋民生之利、多解民生之忧，坚持尽力而为、量力而行，加快补齐短板弱项，扎实推动共同富裕，不断增强人民群众获得感、幸福感、安全感[①]。

党的十九届四中全会提出新的历史任务，在实现打赢脱贫攻坚战、深化推进乡村振兴的基础上，要建立解决相对贫困的长效机制。这一论述具有多重内涵：一是表现出中国共产党执政为民的高度的使命担当，通过不断确立阶段性任务，不断满足人民的美好生活需要；二是表明中国共产党深刻地认识到解决绝对贫困问题只是伟大事业的重要一步，还有很长的路要走，为全党全国人民树立了继续奋斗的目标；三是表明中国共产党在新的历史条件下实现贫困治理工作重心的转移，我国反贫困的着力点从解决绝对贫困问题转向防止返贫和解决相对贫困问题，由满足人民群众的基本生存需要向满足人民群众美好生活需要转变。绝对贫困问题的解决标志着全面建成小康社会目标的实现，而相对贫困问题的提出也标志着推进共同富裕实现实质性进展任务目标的提出。总之，解决相对贫困问题将是推进共同富裕实现实质性进展的重要攻坚任务。

## 二、多元利益主体间的张力难以形成推进共同富裕的合力

多元利益主体的不断发展壮大，造成了利益分化和利益冲突的加剧，使社会难以形成推进共同富裕的合力。多元化是现代化的重要表征，多元化以多元主体的产生和崛起为现实载体，不断衍生出多元利益、多元社会思潮、多元技术路线等一系列多元化具体内容。改革开放以来，我国经济高速增长的同时，社会多元主体也不断发展壮大，随着多元主体在经济社会发展过程中的互动，“以分工、竞争和交换为特征的市场经济带来了社会分化和利益不均衡”，由此多元利益主体之间的发展也必然体现出不平

---

① 习近平:《论把握新发展阶段、贯彻新发展理念、构建新发展格局》，中央文献出版社，2021，第16页。

衡不协调特点。基于发展的不平衡不充分，多元主体在获取社会资源、社会机会和发展平台方面的差距也在不断扩大，以至彼此之间以利益冲突为主要表征的多元关系日渐紧张，社会各阶层的利益差别不断扩大。利益分化、阶层分化、贫富分化的问题日益引起党和国家的重视和社会各界人士的关注，如何通过制度来构建、协调和规范多元主体的关系便显得尤为重要。共同富裕的基础必须建立在共同利益和多元合作的基础上，没有这一基础，共同富裕也就难以实现。

随着改革开放的不断深入，政治力量对社会领域的控制力明显减弱，社会的自由空间不断扩大，社会多元主体得以不断成长壮大，基于多元化基础的现代化社会得以逐渐形成。社会主体由改革前的单一主体发展为多元化的主体，并且这种多元化还在进行之中。政治主体表现为在中国共产党领导下的多党合作与政治协商制度下，由中国共产党和各民主党派和民主人士等构成的政党组织和群体。经济主体更加多元，从个体到经济组织，从民营企业到国有企业，甚至根据张五常、周黎安等学者的论述，众多的地方政府也作为经济主体在市场中同其他主体进行竞争性经济活动。当地方政府基于其政治优势来进行经济活动时，很难做到公平竞争、机会共享、资源公平分配，必然会与民争利，造成利益的不公平分配及资源的不合理分布。社会组织和团体更加多元，对既有的社会组织结构提出了进一步完善的要求。社会团体大致可以分为人民团体、群众团体、社会团体，三种团体的概念内涵具有相互重合之处，其中人民团体和群众团体属于社会团体，但在国家和社会治理过程中发挥重要作用，如八大人民团体以及二十多个群众团体在国家政权机关、人民政协中都具有重要地位，相较于其他社会团体和社会组织，它们具有更多的政治权利和资源。随着新型社会组织在社会治理中的地位和作用的不断凸显，其政治参与的能力不断提高，如何满足他们的需要成为深化改革的重要课题。利益主体的多元化对既有利益格局、既有秩序和制度、既有的观念意识都具有稀释和冲击的作用，如何在保证既有优良结构的基础上包容多元主体利益，实现利益共享，成为实现共同富裕要解决的问题。

多元利益主体在秩序、制度和观念等方面认识的差距，造成其合作基础的弱化。多元利益主体之间的张力主要表现为收入差距的扩大、社会流动的不均衡性、资源的不均衡分布、社会机会有限等具体方面，这些都造成了多元利益主体之间的竞争和紧张关系，造成了合作的理念、基础、行为以及制度的缺失。首先，合作理念的重要基础是社会信任。随着市场竞争机制的不断完善，传统的人情社会的因素不断耗散，尤其是作为传统社会基础的信任也不断随之耗损，而基于规范化、正式化和法律化的社会信任体系还尚未建设完成，由此造成了多元利益主体由于不互信基础上的竞争，很容易造成优势力量的耗损，难以形成推进共同富裕的合力。其次，由于不稳定的合作理念或价值系统，合作意愿与合作能力基于利益博弈和冲突很难形成。在零和博弈的共识条件下，单方面实行合作行为必将会造成利益的损失。由此，社会大环境造成了合作行为者被日渐淘汰，推动共同富裕力量逐渐减弱。最后，基于鼓励差异和竞争的政策惯性前提下，各项政治制度和政策的制定都在推进多元主体的竞争，而不是合作。政策制定者能够在实现自身利益的基础上选择优秀竞争者，但造成了利益分配和机会分配的不平衡不充分，难以避免强者恒强、弱者恒弱情况的发生，不利于长期政策的发展和实施。

总之，共同富裕路上，一个也不能掉队①。新时代需要推进合作理念的构建、保障合作行为的利益和机会、促进多元主体的协调发展，才能够保证多元主体的利益共同体的形成，在共建、共享和共治的基础上推进共同富裕的实现。

## 三、利益群体分化与形成对共同富裕的消极作用

多元利益主体的产生是现代化的重要标志，多元利益主体对于推进社会的发展具有两个方面的影响。积极方面是作为社会进步与社会空间扩展的必然产物，多元利益主体和谐共处对于推进社会创新创造具有重要的意义；消极方面是如果多元利益主体之间的利益张力过于紧张，超出了制度与法律可以承受的限度，则会造成社会的分裂与动荡。不同利益群体之间的张力在社会转型期间与快速发展阶段，由于各项法律与制度的缺失很容易形成多元利益主体的分裂与不平等，不同利益群体之间的张力在发展中国家很容易由于民主制度的不健全而造成对现代化的消极影响。

苏联对实现全体人民共同富裕进行了初步探索，但由于苏共内部特权

---

① 中共中央党史和文献研究院、中央“不忘初心、牢记使命”主题教育领导小组办公室编《习近平关于“不忘初心、牢记使命”论述摘编》，中央文献出版社、党建读物出版社，2019，第291页。

思想的不断滋长，形成了权力与资本联盟的既得利益集团，逐渐走上了亡党亡国之路。很多发展中国家在推进国家富裕方面也进行了一定的探索，但也出现了由于国内权力与国际资本的结合而导致现代化成果一夜之间被卷走的可悲历史景象。由此可见，在一个社会固定存在着众多的利益集团或利益群体，推进现代化的所有动议、政策制定和施行都要受到利益集团和群体的影响、干扰，甚至阻挠，其现代化只能是畸形发展，充满着内在的冲突和矛盾，基于这一自洽性的缺失，其现代化难以实现可持续性与稳定性。

我们在改革开放之初就明确指出，中国不能允许形成资产阶级，否则就说明改革失败了，但随着利益群体的不断分化，既得利益群体逐渐成长，对于共同富裕的消极影响不断凸显。共同富裕是中国式现代化的重要目标和本质体现，共同富裕是多元主体共建、共治和共享的，不是有严重差别并且固化下来为某个集团或群体提供更多利益的部分富裕，而是基于公平正义的原则实现多元主体的共同富裕。但共同富裕不是平均主义，更不能是杀富济贫。所以，新时代推进共同富裕实现实质性进展需要在协调社会各个阶层结构、阶层流动以及阶层包容和共享等方面作出努力，尤其是要注重对利益集团和利益群体的警惕，保证多元主体和社会各阶层能够在合理的差距范围内实现良性互动与合作共享。

在中国特色社会主义的内在规定下，阶层概念是从属于阶级或者是在阶级话语的框架和语境中存在和发挥作用的。在民主革命阶段，马克思主义的传入为中国的先进分子提供了全新的组织和领导中国人民进行革命的理论话语和工具，其中“阶级”及“阶级斗争”的话语有效地简化了判断敌我的标准和范围，适应了新民主主义革命的需要。中国共产党借助阶级的话语与工具凝聚起最为广泛的革命力量，领导中国人民实现了新民主主义革命的胜利。当新中国建立之后，革命逻辑下的阶级话语与理论工具难以适应国家建设的实践需要，乃至造成党和国家发展遭受巨大挫折。改革开放之后，阶级话语空间的压缩为阶层话语的生长与运用提供了机会。阶层概念成为改革开放之后认识、把握社会结构和群体的重要范畴，阶层分化的合法性得到党和国家的承认。阶层分化的界限就是资产阶级的产生，承认先富以及合理的阶层分化与差距，但不允许资产阶级的形成。

当前部分学者认为中国当下的私营企业主群体和阶层的形成在实际上

已经形成了资产阶级，尽管这一论点还没有得到学界更多的认同，也没有形成共识，但在一定程度上说明当前的中国阶层分化、阶层固化问题已经到了比较严重的地步。笔者并不同意形成了资产阶级的观点，而认为当下在部分领域、行业存在既得利益集团或群体，整个社会发展存在富者愈富、穷者愈穷的不良倾向。既得利益集团或群体以阶层分化与阶层固化为生存基础，利益集团是阶层分化、阶层固化的结果。反过来，既得利益集团通过垄断各方面优势资源又加剧了阶层分化与阶层固化，造成贫困或相对贫困的代际遗传。既得利益集团或群体在中国的社会结构中处于上层，虽然只属于一小部分，但造成了整个社会不良的运行生态，因为利益集团借助资本的力量进行无序扩展，对整个社会系统优质资源过分汲取，给整个社会的信任、公平和正义等理念带来损害，造成阶层之间的猜忌与竞争以及阶层流动的不畅，由此加剧阶层固化，加剧阶层矛盾，给秩序稳定和社会发展带来巨大压力。总之，既得利益集团和群体基于自身的优势地位，对于弱化其利益的新的改革政策和制度实践等势必极力地反对和阻碍。共同富裕不是杀富济贫，但其必然要求将既得利益集团和群体的巨大不当利益向社会其他多元主体回归和偿还。邓小平早就预想到贫富差距扩大的问题，强调要防止两极分化，要利用各种手段、各种方法、各种方案来解决这些问题，少部分人获得那么多财富，大多数人没有，这样发展下去总有一天会出问题①。习近平总书记明确强调，我们必须坚持发展为了人民、发展依靠人民、发展成果由人民共享，作出更有效的制度安排，使全体人民朝着共同富裕方向稳步前进，绝不能出现“富者累巨万，而贫者食糟糠”的现象②。为此，新时代下，我们要充分理解党中央的惠民富民、促进共同富裕的政策，真正纠正教育、医疗、社保、环保等领域的腐败现象、不正之风和不当得利，推进国企深化改革，切实解决好人民群众面临的急难愁盼问题，增进社会的公平正义和信任，为共同富裕厚植良好的社会心理基础和多元主体合力。

---

① 中共中央文献研究室编《邓小平年谱》（1975—1997）（下卷），中央文献出版社，2004，第1354页。

② 习近平：《论把握新发展阶段、贯彻新发展理念、构建新发展格局》，中央文献出版社，2021，第42页。

## 第三节　制度运行："鼓励先富"的制度惯性与"先富带后富"的制度安排不足

经过 40 多年的改革开放，我国的各项政治制度不断成熟和完善，在这一过程中，制度运行的逻辑有两条：第一条是先实现国富，再推进民富，最终实现国富民富的协调统一；第二条是先鼓励一部分人富起来，再经过先富带后富，实现共同富裕。但各项制度在运行过程中基于操作的方便性，将国富和先富确定为制度运行的直接追求，并经过 40 多年发展成为制度惯性。改革开放 40 多年来，尤其是进入新时代以来，以社会主要矛盾的转化为标志，我国基本实现了国富和一部分人先富起来的初步目标。在改革开放之初提出的"先富带后富，实现共同富裕"的政治路径，在当时经济社会发展刚刚起步，阶层分化与合作的基础仍然稳固的前提下，其表现出逻辑的自洽和可行。在市场经济条件下，让一部分人先富起来的预想在很短时间内得到实现，但"先富带后富，实现共同富裕"在理性层面却难以适应市场经济的内在规范，共同富裕不可能自发形成，相反，随着市场化的深入发展，贫富差距扩大的风险日渐增多。这就要求政府在鼓励先富的同时，还应承担起鼓励先富带后富、实现共同富裕的职责，这一任务不能交给市场，需要推进各项制度由重视国富和先富向推进民富和带动后富的逻辑转换。制度的完善和成熟是一个长期的过程，从侧面凸显了逻辑转换的困难，由"鼓励先富"向"先富带后富"的逻辑转换在制度层面表现为系统性的转换。在这一过程中如何更好地处理效率与公平的关系仍然是核心问题，如何做好顶层设计和具体安排，保障共同富裕和先富带后富，如何制定共同富裕的评价体系等问题都是着重需要解决的问题。

### 一、效率与公平之间的张力问题始终存在

效率与公平问题在中国经济社会发展中不仅属于经济学意义的范畴，还具有深刻的政治意义，影响着所有中国人民追求美好生活的意愿、层次、能力和质量。在社会主义市场经济条件下，如何协调效率与公平之间

的关系是整个政治系统和制度安排的重要问题，对于政治系统的运行与制度设计和安排都具有重要的内在规定性。改革开放初期，先让一部分人富起来，再通过先富带后富，实现共同富裕，实质上是分三步走。经过 40 多年的高效率的改革开放，实现了一部分人的先富，同时也造成了阶层分化、贫富差距扩大等问题，由此，公平问题不断凸显出来。回顾从“兼顾效率与公平”“以提高效率为前提”，到“效率优先、兼顾公平”，再到“兼顾效率与公平”“更加注重社会公平”“更有效率、更加公平”的历史演变过程，在经过长期的各有侧重的转换过程，实现效率和公平成为中国经济社会发展、政治体系运行和各项制度安排过程中同等重要的双重目标，其实现程度如何决定着共同富裕的能否实现以及质量的高低。但双重目标之间的张力并没有随着话语的转变而消解，实现双重目标更加艰巨，不仅涉及理念，更涉及实践。理论界进行了长期深入的讨论，在理论上的可能性与实践上的可行性之间的张力是效率与公平内在张力的必然结果。

效率与公平的双重目标如何实现的问题在理论界仍没有取得具有说服力的共识，仍处于争论之中。这一方面表明在实践中实现效率与公平双重目标的难处，同时也表明评价效率与公平双重目标实现的标准比较难以确定。当前学者对公平与效率之间的关系有不同的认识。有的学者注重两者之间的内在张力，提出效率与公平是“鱼与熊掌”不可兼得的关系，有了效率就必然造成公平的压力，而为了公平，必然造成效率的降低，两者在现实中存在着不可调解的张力。其基本依据是在实现了先富的同时，造成了阶层分化以及贫富差距扩大的问题，而先富带后富的机制没有形成。有的学者重视两者之间的内在统一性，提出效率与公平具有理论上的可能性与实践中的可行性。效率与公平的张力在于，效率关系到把蛋糕做大的问题，蛋糕大小可以通过重要数据和物质的多少来判断，适应了整个制度和社会运行的习惯；而公平作为一个具有抽象性、个体性的概念，同社会文化环境、群体心理及主体间比较等都有很紧密的联系，就是说公平相较于效率来说更具有复杂性。所以，在实践过程中对大多数人来说，一定差异的存在即不公平，而掉入平均主义的陷阱；同时存在自由主义的公平观，则走向资本主义的歧路。

所以，推进共同富裕实现实质性进展的过程中尤其需要界定好公平的概念、范围和边界，既要避免平均主义、劫富济贫的问题，也要避免走上自由主义的公平观而导致的资本主义歧路。对于公平、差距、分化等问题，邓小平同志在改革初期便明确指出，中国不能够产生资产阶级，这也为效率与公平画出了一条红线。基于我们的根本政治制度和经济制度等，保证不碰触这一条红线就为实现双重目标提供了实现的可能性。而可行性需要党、政府、社会等多元主体在理念上实现完整转换，推进共同富裕理念成为多元主体的共识才行。只有这样才能够在推进效率的基础上着眼于公平，以公平来推动效率的不断提升，为共同富裕提供坚实的基础和充足的动力。否则，效率与公平完全脱节，效率越提升，造成的阶层分化、剥削和压迫、贫富差距扩大也就越严重。

效率与公平问题背后体现的是政府与市场的关系，具化又涉及国有企业和民营企业之间的关系问题。从当下来看，先富带后富的机制还处于萌芽阶段，单独通过提高效率，依靠市场、民营经济自身的发展，都不能形成先富自发带动后富的机制，而且先富基于自身的优势资源地位具有强力的虹吸效应，反而在资源、发展空间和机会上都比后富具有优势。对此，邓小平有明确的认识与意见。他的看法是，“先富共富”的“U 曲线”我们并不能坐待其自然而然形成，领导决策和政府能动作用的发挥至关重要[①]。

政府在充分发挥市场促进效率的积极性方面，需要制定好防范市场扩大贫富差距的制度安排，推进国有企业深化改革，为民营经济释放动能和发展空间，保障民营经济不断提升生机活力，只有这样才能增强人民满足自身美好生活需要的能力和机会。

## 二、制度体系中关于共同富裕的制度设计与安排不足

政治系统从“鼓励先富”到“先富带后富”的系统转换，重点在于制度设计和具体安排的转换、设置与完善。由于我国政治制度规模巨大，在运行过程中也具有强大的惯性，改革开放以来注重效率的运行理念和规则经过了 40 多年的发展，在实现了一部分人先富起来的初步目标的同时，也趋于成熟、完善和制度化。十八大以来共同富裕在国家顶层设计框架之中的地位不断凸显，通过社会改革不断建立健全顶层制度设计和具体安排

① 贾康：《共同富裕与全面小康：考察及前瞻》，《学习与探索》2020 年第 4 期。

成为新时代政治系统需要实现突破之处，具体从宏观和微观两个层面进行论述。

宏观层面表现为，政治制度体系中根本制度、基本制度、重要制度中推进共同富裕的制度改革和机制设置还需要加强。人民代表大会制度作为国家的根本政治制度为实现共同富裕提供了坚实的制度保障，而在具体制度运行和机制安排上还有待增强。一是人大代表同人民群众的联系不足。在人口规模巨大的基础上，人大代表个人代表的群众基数以及代表的区域都是巨大的，这就造成了其难以在短时间内同人民群众进行广泛而深入的联系，只能有选择地同典型区域的群众和群体建立一定的联系，难以充分照顾到基层以及少部分有特殊情况的人民群众的需要。与此同时，基层人大代表在全国人大代表中的数量占比较低，基层的具体需要难以得到充分体现。二是人民政协制度中专门协商机构作用发挥不足。人民政协在国家治理体系中作为专门的协商机构，其政协委员并不是职业的代表，而是社会各界精英基于学术、技能、道德、民族和地区等特殊权威或社会资本产生的，每年在两会期间行使政协委员的职责。同时作为精英本身，其在议题设置、调查研究、实地考察过程中的关注点和注意力同普通大众必然有所不同。如何通过完善政协委员产生办法以及加强政协委员同其所联系的群众之间的联系，成为新时代人民政协推动共同富裕实现实质性进展的重要着力点。三是基本政治制度中民族区域自治制度和基层村民自治制度，在推进共同富裕进程中具有重要职责，但基础薄弱，动力和资源不足。基于长期以来资源向上输送的机制，导致基层自治能力和动员能力的不断弱化，产生了基层基础薄弱以及发展动力不足的问题，基层群众难以通过基层各项制度安排来满足自身的发展需要。由于城乡户籍制度的限制，农民在进入城市，为城市发展作出牺牲、承受成本、作出贡献的同时却难以融入城市，始终面临城市的排斥和嫌弃，产生了基层和上层、城镇和乡村以及不同社会阶层之间的流动不畅的问题。基层或社会底层人民群众在共同富裕进程中缺乏足够的能力和资源，缺乏社会流动的机会以及享受各项权利的平等基础，是实现共同富裕中要重点关注的对象，要扭转其因政治参与度不高、自身能力不足、社会机会较少以及社会关注度不够等问题造成的其在共同富裕进程中处于落后的状态。

微观层面主要包括，发挥协调或联系中央与地方、政府与市场、城镇与乡村、东部与西部等作用的具体制度安排不足，如税收制度、价格制定与调控、社会流动、工资设置、地区对接支援等。这些具体安排在协调和统筹不同方面资源流动与分配，都具有重要的政治、经济和社会价值，涉及政治赋能及各方面的关系、权力和权利分配等。总之，这些具体的制度安排制约着共同富裕的实现程度与质量。如税收制度运行和演化过程中比较典型的就是改革开放之后 1994 年实行的分税制改革，其在整体上保证了中央财政的需要和动员能力的不断增强，这是一种资源向上输送的机制，在国家需要动员全社会力量和资源推进改革开放、建设现代化的初级阶段具有时代必须性。但在经济社会不断发展的过程中，以及社会治理复杂性不断增长的时代条件下，分税制的问题日渐凸显，尤其是随着基层政府面临的治理压力不断增长，在其可动员的资源愈显不足。由此，造成了基层治理的自主能力弱、治理效能差的问题。贺雪峰提出，贫穷的村集体不能承担乡村治理之责。同理，在资源向上输送的机制下，基层难以获得足够的资源来灵活地应对上级交付的任务以及各项地方治理任务，更难以有力推动共同富裕的实现。另外就是户籍制度对社会流动的限制。城镇化发展的过程中，农民工作出了重大的贡献，承担了相当一部分发展成本，却难以被城市所接纳，这是经济社会发展不充分不平衡造成的。在推进共同富裕实现实质性进展的目标指向下，户籍制度应逐渐进行改革。此外，价格调控机制、区域对接支援、最低收入标准、社会公共服务等内容与目标的调整都需要适应共同富裕的需要。总之，先富带动后富不会自然而然形成，需要外部力量的干预，需由政府主导来构建带动机制，实现共同富裕①。

## 三、共同富裕的丰富内涵使得短时间内难以量化出实用且有效的激励机制

现代化发展视域下的共同富裕也体现在对经济社会发展全方面、全过程、全民化的要求，其内涵极为丰富，涉及经济、政治、文化、社会和生态等各个方面。新时代中国面临百年未有之大变局，也迎来了强起来的历

① 薛宝贵、何炼成:《先富带动后富实现共同富裕的挑战与路径探索》,《马克思主义与现实》2018 年第 2 期。

史新阶段，党中央对共同富裕的认识也不断深化，在新时代提出了推进共同富裕实现实质性进展的战略目标，践行邓小平在改革开放之初提出的“先富带后富，最终实现共同富裕”的政治承诺。但我们就什么是共同富裕社会，共同富裕包括哪些内涵以及如何确定共同富裕的标准等问题都还刚刚破题，界定还不明确。这些问题如果凝练为一个问题的话，就是共同富裕的丰富内涵使得短时间内难以量化出实用且有效的激励机制。

这一问题涉及多方面的问题，一是如何界定“共同”。首先，共同不是同步、不是平均、不是同等。在我们这样一个人口规模巨大、自然条件复杂、民族众多、历史文化悠久的国家，实现共同富裕本身就面临艰巨的挑战。如何实现不同群体、不同民族、不同地区的人的“共同”富裕？“共同”的边界在哪？共同与差异的张力如何把握？这些都需要制定一套评价或控制的规范与标准体系。二是如何明确“富裕”的边界。没有边界的富裕很容易造成社会各界对富裕的错误认识。如因对共同富裕产生过高期望而对现实中经济社会发展成就的不接受、不认可，甚至丧失实现共同富裕的信心，以至于产生悲观绝望的负能量。所以，在超大规模的中国将共同富裕作为实现中国式现代化的重要目标本身就具有世界性的意义，同时也面临世界上其他国家所不可能遇到的问题，即在多元化、治理复杂性不断增长的国情下，既要照顾不同地区、不同民族、不同发展阶段的特殊情况，还需要有一个统一的共同富裕标准。经济上的富裕比较容易通过物质生产、人民收入、硬件设施等显而易见的内容来评价，能够制定出相应的经济富裕的标准。但除经济富裕层面外，共同富裕应该体现在各个方面。新时代社会主要矛盾转化为人民日益增长的美好生活需要同不平衡不充分的发展之间的矛盾，“美好生活”的概念也将共同富裕的内涵进一步扩大了，不仅是经济层面，还应包括政治权利、生态环境、人身健康、文化娱乐等各个层面。由此看来，地理环境的复杂、民族与文化传统的多元、富裕领域的广阔性造成共同富裕评价体系或标准体系的复杂性。没有明确的衡量标准和评价体系，也就难以形成有效的激励机制。长期以来我国的各项政治制度的运行逻辑基本都以追求 GDP 为目标，甚至将其作为公务人员政绩的重要指标，因为经济层面的标准很明确很直观，能够激励各级公务人员促进经济的积极性。由此，新时代推动共同富裕的过程中要有简单明确有效的共同富裕评价标准。但无论标准如何多样、如何丰富，其基本原则应体现马克思主义所明确的共同富裕的基本要求。通过社会化生产，不仅可能保证一切社会成员有富足的和一天比一天充裕的物质生活，而且还可能保证他们的体力和智力获得充分的自由的发展和运用[①]。

## 第四节　文化基础：支撑共同富裕的精神文明建设不足

共同富裕的实现最终要体现在人的精神富裕上，只有精神上富裕的人才能够实现自身的全面而自由的发展，才能够达到“己欲立而立人，己欲达而达人”的最终目的。共同富裕，是马克思主义的一个基本目标，也是自古以来我国人民的一个基本理想[②]。共同富裕的实现是为了人的全面而自由的发展，同时也要依靠人的发展来提供动力。经过 40 多年的改革开放，社会精神文明建设取得了充分的发展，为共同富裕的实现提供了坚实的共识基础，但当前精神文明建设仍存在很多问题和不足，社会主义文化现代化建设尚未完成。尤其是在共同富裕的理论研究，文化资源的分布，中国式现代化实践、理论和制度的正当性等方面受到西方文化的冲击，弱化了共同富裕实现的精神动力。

### 一、以共同富裕为重要目标的现代化理论研究亟须深化

以实现共同富裕为重要目标的现代化范式由中国首先提出，也只有在共产党领导的中国才能够实现超大规模人口的共同富裕和现代化。实践是理论的前提和基础，理论为实践提供科学的指导。只有深入而全面准确地把握共同富裕的基本内涵、特点和重要意义等，才能够更好地指导中国式现代化过程中实现共同富裕的实践。上文从多处进行过零散论述，共同富裕的内涵丰富且复杂，同共同富裕相关的现代化理论、公平与正义、效率与公平、中西方现代化路径与范式的比较等方面都需要围绕共同富裕进行界定和讨论，只有将这些范畴界定清楚，形成一定的共识，才能够保证社会对共同富裕的精准认识和把握。但当前中国式现代化与共同富裕的相关

---

① 中共中央马克思恩格斯列宁斯大林著作编译局编《马克思恩格斯选集》第三卷，人民出版社，2012，第 814 页。

② 习近平：《论把握新发展阶段、贯彻新发展理念、构建新发展格局》，中央文献出版社，2021，第 95 页。

理论研究属于刚刚起步、刚刚破题，还没有形成足够有影响力的理论研究成果。同时在倡导和宣传共同富裕理念的同时，各种有悖于共同富裕理念的不良思潮也呈现泛滥的倾向，如个人主义、自由主义、平均主义、享乐主义等，同共同富裕理念的传播争夺社会思想空间。

当前学术界围绕中国式现代化与共同富裕进行了广泛的研究，取得了丰富成果，包括中国式现代化与共同富裕之间的关系、中国式现代化与共同富裕的内涵及其价值意蕴、共同富裕实现的路径等。广大学者在关于共同富裕的基本内涵方面具有广泛的共识。共同富裕在根本上不仅是经济问题，更是关乎党长期执政地位的稳定、人民全面而自由的发展、彰显中国特色社会主义制度优越性的政治问题。在这一政治意义基础上，首先，共同富裕不是少数人的富裕，是在中国特色社会主义制度环境下的全民的富裕。其次，共同富裕不仅仅是收入上的富裕，更是精神上的富裕、文化上的富裕、政治权利上的富裕以及生态环境的优质享受等所有方面的富裕。再次，共同富裕不是无差别的平均主义和同步主义的富裕，早在改革开放之初，邓小平采用的就是先富带后富的策略，用实践与现实成绩彻底否定了平均主义和同步主义的富裕路径，奠定了中国共同富裕的科学方向和路径。最后，共同富裕不是劫富济贫，不能通过削平先富来实现富裕，从根本上应该提供社会公平竞争机会和平台，倡导共享理念、合作意识，增强人自我发展的能力等。学术界在关于如何实现共同富裕的路径研究上认为，要通过税收、教育公平、社会流动、劳动能力、公共服务等方面的手段共同推进。虽然有这一共识基础，但学术界在如何实现共同富裕方面仍存在以下争议。

一是征收高税收与劫富济贫的界定、关系以及效果的评价等。一部分学者认为通过征收高税收有劫富济贫之嫌，且难以有效扭转收入差距扩大、贫富差距扩大的趋势，但却会产生对合法收入的正义、平等与生产效率的争论。高税收能够在推进共同富裕的过程中起到辅助作用，但不能寄希望于通过高税收来发挥重要作用。另一部分学者认为财富是整个社会创造的产品，高收入人群的能力、资源和社会地位等都是国家和社会赋予的，其有义务为社会作出更大贡献。所以，高税收在推进共同富裕过程中具有合法性与有效性，通过高税收进一步建设福利国家，保证公共服务的均衡化分布。

二是共同富裕中的公平与效率的问题，尤其是近期以来第三次分配的提出又引起了新的争论。当下学术界对三次分配进行了设想、倡议和争论。一次分配更加注重效率；二次分配兼顾公平，期望实现效率和公平的双重目标；三次分配以公平为主，保证促进效率的积极作用。这一区分表明效率和公平的实现是在整个过程中分阶段来实现的，而部分学者提出每一个阶段都应该适应公平和效率双重目标的要求，而不应该仅仅注重其中一个方面。孙立平提出市场也应该努力实现利益的公平均衡分配，不能只管效率不管分配。如第一次分配注重了效率，造成了较大的差距，而难以由第二次分配来弥补。当下提出第三次分配，是不是第二次分配难以缩小收入差距和贫富差距之后又延伸出一个阶段，来处理之前效率造成的贫富差距扩大问题。我们不能否认第三次分配提出的初衷的合理性，但实践中难免会将本应在一次分配和二次分配中实现的公平问题，延伸到或者说拖延到第三次分配，这就违背了第三次分配提出的初衷。所以，第三次分配在效率与公平问题中的地位和作用不应该提得太高太重要。总之，不能让第三次分配来承担太多的实现共同富裕的使命，解决问题的根本还在于提高生产力，保证公平分配。

三是第三次分配需要高尚的道德理念和力量做基础，而当下不良思潮侵蚀着这些基础。第三次分配是在初次分配、再分配之外提出的一种分配模式，其内在驱动力在于道德力量以及企业家精神的彰显，在于高收入群体能够基于自身的道德、志愿精神、奉献精神和慈善精神等自愿捐赠自己的钱财用于慈善事业、参与国家的脱贫攻坚政策实施以及相应的社会团体组织的慈善事业等活动。第三次分配要求高收入群体主动承担更多的社会责任。也有企业家曾提出过这一想法，认为未来企业的前途在于承担更多社会责任，解决社会面临的问题。这在理论上具有应然性。但理论上的应然要转换为实然上的可能则需要思想的转变，这需要全社会形成深入人心的志愿、奉献与慈善精神。可现实是追求利益最大化而损害他人及社会正当利益的生产经营者也不乏少数，造成众多的食品安全、生态环境等问题。同时，社会中有悖于共同富裕的不良思潮也广泛传播，如享乐主义、个人主义等思潮对于社会主流的社会主义核心价值观，共享理念、合作精神、集体主义等思想理念产生很大冲击，这都需要长期的思想政治教育和宣传才能够改善。

## 二、教育资源的不均衡分布

共同富裕不仅仅是经济富裕，更应该是人的全面富裕，才能够为人的全面自由发展提供基础。文化的发展是人最终实现全面自由发展的重要基础和动力，更是重要标志。所以，文化资源的公平享有则是共同富裕的重要内容和必然要求。文化资源的不均衡分布和使用的问题日渐凸显，其中教育资源的不均衡更加明显。教育在增强个人发展能力、推进社会流动、打破代际不良遗传、促进人的全面自由发展方面具有关键性意义。既有的教育资源的不均衡分布造成了新的教育资源分布不均衡的扩大。以教育资源为主要内容的文化资源的不均衡分布造成了不同地区、阶层和群体在经济社会中的社会资本的差距、发展能力的强弱差异，在共同富裕过程中的参与能力和自我实现能力强弱等问题。

教育资源的不均衡分布是基于自然条件、民族、区域、传统习惯、不同阶层等自然或客观原因而形成的，主要表现为国家在教育支出、资源分配、政策需要、不同社会群体需要等方面基于以上自然或客观原因而造成了教育质量、教育水平和教育成果的差距，而且随着时间的推移，教育资源的不均衡性不断增强，不同群体之间的差距日渐扩大。所以教育资源的不均衡分布造成了不同民族、不同区域、不同阶层之间的收入、精神和能力的差距扩大以及交流不畅、代际不良遗传等问题。

教育资源的不均衡分布使劳动者发展能力的差距扩大。在改革开放之前或改革开放初期，我国的教育水平整体偏低，教育资源的不均衡分布也并不明显，但随着改革开放的不断深入，教育的不均衡发展和资源的重点投入，使优质教育资源在大中城市不断集中，优质资源不断向上汇聚，教育资源不均衡的趋势进一步凸显。在这一过程中，基层尤其是农村教育水平和质量相对降低，高中辍学、不上大学的年轻人较多，原来的“985”“211”院校以及当下的“双一流”大学中，农村出身的学生占比在降低。这一教育现象必然使城乡年轻人自我发展能力的差距不断扩大，教育资源的不均衡分布使年轻一代自然地分化与疏远。一方面，教育资源的不均衡分布，使教育资源较少地区的教育水平的下降，让当地年轻人通过教育实现自身社会流动的希望越来越小，教育在增强农村劳动力自我发展能力中的地位和作用的弱化，无形中推动了“读书无用论”观点的传播，产生更多不良影响。很多农村出身的学生由于基础薄弱、家庭需要增加收入等原因，以“读书无用论”为理由，自动放弃接受教育的机会。另一方面，教育资源的不均衡分布，使基层和农村人口进入城市和高等学校的机会减少，拉大了城乡间差距，无形中弱化了共同富裕的社会基础。

教育资源的不均衡分布使社会流动日益困难。教育资源的不均衡分布造成了城乡年轻人的社会空间的分开以及阶层的分化与固化，其中一个重要的体现就是学历。在教育高速发展的当下，学历是个体自我发展能力以及劳动能力的重要标志，成为各个领域、各个职业选拔人才的重要标准，也成为阶层分化与固化的重要机制。在社会空间方面，受教育年限低、学历低的社会群体难以进入资源丰富的社会空间，而只能在社会基层、领域内底层获取自我发展的较少资源。在社会参与方面，基于自身发展能力的低下，受教育水平较低的群体对收入、物质需求以及生活资料的需要远大于对政治参与、文化、生态环境、社会进步等方面的需要，由于难以有意愿和能力进行社会参与行为，也就难以通过制度化的平台来表达自身的利益诉求，也就难以获得进一步发展和进行阶层交流的机会。所以，城乡年轻人难以在社会中相遇、相知，也就难以形成合作与共享的理念及追求，造成了两个群体之间的疏远和冷漠，甚至产生矛盾。

教育资源的不均衡分布造成了城乡差距的代际遗传与扩大。教育资源的多少对于同龄人在获得自身发展能力、理念和思想方面具有无可替代的作用，优质的教育资源能够提升受教育者的自我发展能力、理念和思想，为其今后获得更多发展的机会与可能提供了知识和技能的保障。教育资源不足必然造成受教育者对教育的认同感降低，甚至产生“读书无用论”的认识，由此，其生活更多地围绕获得实用价值、工资收入和物质享受等展开，而缺少对精神生活、文化生活的追求。同龄人接受不同的教育，对其一生产生的影响都是不可逆的，而且知识、技能和文化氛围的积累会通过家庭教育不断耳濡目染地传递给下一代人，由此造成城乡、职业、民族等不同群体之间的差距通过代际的遗传不断扩大。除此之外，在教育资源不均衡分布的基础上，新的文化形式和内容的不断产生在为文化事业发展提供了历史机遇的同时，也加速扩大了文化资源的不均衡分布。解决这种代际遗传的机制就是加强教育资源的投入以及均衡分布，促使教育公平，保证知识和能力的公平，使个体自我发展的能力普遍均衡地增长，这样才有助于阶层流动、社会交流与合作，为共同富裕提供一个坚实的基础。

## 三、中国共同富裕理论与实践话语权受到西方现代化话语的冲击和抵消

中国共同富裕路径探索在中西方现代化方案的激烈比较中展开。中国共同富裕的提出与实践始终是在中国自主探索现代化道路、理论、制度和文化，同时又是在西方现代化已经成熟的模式影响、约束甚至控制下进行的。中国式现代化创造了人类文明新形态，但其实然层面上的实践效果及意义却被西方话语所遮蔽。在西方和国内一些人话语迷惑下，不少群众受到蒙蔽，一些党员、干部的认识也产生偏离。有的以偏概全，把形势说得一片漆黑；有的妄自菲薄，总觉得中国什么都不好、外国什么都好；有的盲目跟风，对我国发生的事情用西方价值观念来评判①。所以，实现共同富裕不仅是经济问题，而且是关系党的执政基础的重大政治问题②。西方现代化通过理论上的建构，将西式现代化界定为现代化的唯一模式，而西式民主成为西式现代化的重要标准，自由主义是其内核，实际上就是充分保障资本自由地欺骗人民、控制人民。由此造成的结果是，在西方成熟的资本主义体系冲击下，后发型现代化模式的任何有悖于西方资本主义自由扩展和控制的道路探索、理论尝试、制度建构和文化都将面临西式现代化所掌握的话语权以及意识形态控制权的否定，后发型现代化范式也就难以实现突破而走向成熟，即使在实践上取得明显的成就，也会因为在理论上话语权的缺失而难以彰显于世。中国的共同富裕路径探索的历程充分证明了这一论断。

西式现代化的虚伪面目具有很强的话语欺骗性。西式现代化实质上仍然是资本主义发展的成果，其核心也必然体现为资本逻辑。在理论上，西方学者基于资本主义的运行逻辑和西方中心研究范式，将西式现代化界定为人类实现现代化的唯一路径，通过否定和阻挠不同现代化理论与实践探索的合法性、正当性与科学性的同时，强力向各国输出西式现代化理论与

① 习近平：《论党的宣传思想工作》，中央文献出版社，2020，第 120 页。

② 习近平：《论把握新发展阶段、贯彻新发展理念、构建新发展格局》，中央文献出版社，2021，第 502 页。

实践，而无视发展中国家的民族发展特殊性及其自身优势的存在，一味强调西方现代化为唯一的先进样态，并通过意识形态宣传网络影响世界各国的新闻媒体，尤其欺骗了众多发展中国家的民众，使发展中国家发展滞后而难以摆脱作为西方资本主义国家附庸的处境。在实践上，西方现代化模式以资本逻辑为核心建立起的现代化体系，营造出代表全民利益的虚伪面孔，实则通过转嫁本国社会矛盾的方法来迷惑本国人民，使其成为资本的受益者，而将资本的残酷剥削转移到发展中国家的广大民族和人民身上。西方资本主义各国的经济增长是伴随暴力掠夺、严重两极分化而实现的[①]。西方发达国家垄断资本通过建立跨国公司，将国内的阶级剥削转移到发展中国家人民身上，而本国民众成为资本的表面的受益者。在高税收与高福利的社会制度中，自由主义与个体主义难以同垄断资本的控制相抗衡，其所享受的民主自由以及自我发展都受资本的控制与分配，其所享受的自由与民主是狭隘的、虚伪的，所以也就难以实现自身全面而自由的发展。在存在巨大贫富差距、民粹主义抬头、个人主义与自由主义盛行的社会中，难以实现以共同富裕为目标的现代化，而仅仅是个人主义的、自由主义的现代化，这并不是真正的现代化，不利于人的全面而自由的发展。在政治和社会层面，西方社会长期以来所实行的民主，表面是大众民主，社会成员都具有投票权利，可以通过公投决定国家的重大事项，但实质上是一种资本精英的民主，而非大众民主，其用来消解大众民主的理论就是自由主义及个人主义。因此，大众难以形成由优秀人才组成的有力的竞选团队，最终保障了资本精英的领导。人民政治权利的缺失使其难以在现代化中享受富裕成果，仅仅靠利益斗争为本群体争取足够多的利益，而不会考虑其他群体的需要。这是一种赢者通吃且合情合理的机制，这一机制决定了以共同富裕为重要目标的现代化根本难以实行。

以共同富裕为本质要求的中国式现代化，其以人民为中心的精神内涵与实践优势在西方现代化理论与实践话语权占优势地位的条件下难以彰显。中国式现代化的探索是中国共产党领导人民共同进行的，其主体是全体人民，共同富裕也需要依靠全体人民来最终实现。所以，其内在精神内涵体现为以人民为中心。为什么人的问题，是检验一个政党、一个政权性质的试金石。带领人民创造美好生活，是我们党始终不渝的奋斗目标。必

---

① 陈宗胜:《试论从普遍贫穷迈向共同富裕的中国道路与经验》,《南开经济研究》2020 年第 6 期。

须始终把人民利益摆在至高无上的地位，让改革发展成果更多更公平惠及全体人民，朝着实现全体人民共同富裕不断迈进[①]。尽管中国在推进共同富裕方面的理论和实践具有内生性与独特优越性，但还有待进一步彰显。进入新时代以来，脱贫攻坚取得全面胜利，标志着我们党在团结带领人民创造美好生活、实现共同富裕的道路上迈出了坚实的一大步[②]，是共同富裕在这一历史阶段的重要成就，同时也为新时代进一步实现共同富裕实质性进展奠定了坚实的基础。可以说中国的共同富裕路径探索在精神内涵上具有充分的正当性以及实践上的优越性。但西方现代化理论与实践话语权在国际社会中占据优势地位，总是以西方抽象的、狭隘的民主理论以及自由主义、个人主义来否定中国在推进共同富裕、建设社会主义现代化的过程中如新型举国体制等中国特色社会主义制度优势的运用与发挥，甚至企图将中国共产党同中国人民割裂开来，对中国在新时代取得的巨大成就视而不见。西方资本主义国家基于其自身在国际社会中的领导地位，通过强大的资本主义意识形态体系以及强大的军事力量、经济力量、文化力量等来否定包括中国在内的发展中国家独立自主实现现代化以及推进共同富裕的本国成就及独特优势。与此同时，西方资本主义国家可以通过资本主义全球体系将全世界发展中国家的资源输送回本国，以维系其高福利等社会政策，高福利决不是西方国家的慈善事业，而是资本主义自身发展的内在要求[③]。发展中国家的民众看到的只是西方国家表面福利的高低，而没有认识到高福利背后西方国家对其他国家和国民剥削的本质，由此容易对本国共同富裕以及现代化成就的认同感降低。另外，我们在国际社会中的宣传能力与效果还有待提升，同世界各国的合作还有待进一步深化拓展，以更好地让世人认识到中国共同富裕的真实性、优越性。

本部分通过论述以上几个方面问题，意在肯定新时代中国实现共同富裕实质性进展的巨大成就的基础上，发现进一步推进共同富裕所面临的困难。“共同富裕是一个渐进的过程。为此，我们必须立足于社会主义初级阶段的实际情况。但是，这绝不能成为讳言共同富裕的借口，更不能成为

---

① 中共中央党史和文献研究院、中央“不忘初心、牢记使命”主题教育领导小组办公室编《习近平关于“不忘初心、牢记使命”论述摘编》，中央文献出版社、党建读物出版社，2019，第 35 页。

② 习近平：《论把握新发展阶段、贯彻新发展理念、构建新发展格局》，中央文献出版社，2021，第 522 页。

③ 沈斐：《“美好生活”与“共同富裕”的新时代内涵》，《毛泽东邓小平理论研究》2018 年第 1 期。

粉饰贫富悬殊现象的理由。”[①]只有这样才能为新时代中国特色社会主义现代化强国建设提供明确问题导向和充足动力。中国共同富裕是在近代以来中国现代化路径探索中不断彰显和落实的，尤其在新时代条件下，中共中央将实现共同富裕提升到政策制定的议程之中，充分表明了党以人民为中心的发展理念以及实现人民共同富裕的决心。习近平总书记强调，我们的责任，就是要团结带领全党全国各族人民，继续解放思想，坚持改革开放，不断解放和发展社会生产力，努力解决群众的生产生活困难，坚定不移走共同富裕的道路[②]。实现共同富裕是一个长期渐进的过程，不能急于求成，不能做跨越阶段的事情；也不能无所作为，而是要根据现有条件把能做的事情尽量做起来，积小胜为大胜，不断朝着全体人民共同富裕的目标前进。

---

① 刘长明、周明珠：《共同富裕思想探源》，《当代经济研究》2020 年第 5 期。

② 习近平：《论把握新发展阶段、贯彻新发展理念、构建新发展格局》，中央文献出版社，2021，第 22 页。

# 第六章　推进社会主义现代化实现全体人民共同富裕

实现共同富裕是社会主义现代化的本质要求和重要目标，不断推进社会主义现代化建设事业是实现共同富裕的必由之路。中国的现代化属于后发国家追赶先进国家的过程，有着自身的国情和时代特点，在现代化模式的探索中，要贯彻全体人民共同富裕的指向，其路径选择要坚持以下四点要求。第一，坚持理念先行。“四个全面”战略布局和“五位一体”总体布局是顶层设计层面的理念和根本遵循。新发展理念、新发展格局、新发展阶段是研究路径层面的逻辑出发点。脱贫攻坚精神、伟大建党精神等是价值引导层面的思想保证。实现共同富裕要始终坚持理念层面的领航导向。第二，坚持改革贯穿。社会主义改革要贯穿社会主义现代化全过程，通过各领域改革创新不断释放经济社会的发展潜力。同时，坚持社会主义基本制度不变，坚持四项基本原则不变，探索新时代中国特色社会主义现代化的模式，坚持中国特色建设现代化强国。实现共同富裕的过程也是全面深化改革的过程。第三，坚持科技支撑。以科技领导体制和管理机制创新领跑第四次科技革命，实现信息化、智能化，向现代知识型社会转型发展。实现共同富裕归根到底要依靠科技进步。第四，坚持分层递进。实现共同富裕由低级阶段向高级阶段的发展，由不充分不均衡向充分均衡的发展渐进。推进社会主义现代化建设事业是实现共同富裕的必由之路。

## 第一节　解放和发展社会生产力是实现共同富裕的根本途径

习近平总书记在 2021 年中央财经委员会第十次会议上强调，共同富裕是社会主义的本质要求，是中国式现代化的重要特征，要坚持以人民为中心的发展思想，在高质量发展中促进共同富裕。十九届五中全会提出了

“共同富裕取得更为明显的实质性进展”，这一历史发展过程的实现，要坚持解放和发展社会生产力，这是一条根本途径。要不断改革经济体制，处理好政府与市场的关系，释放生产发展的潜力，提升经济的整体水平；要着重调整产业、区域、城乡的经济发展结构，推动经济布局的现代化；要创新经济发展的新业态，为跨越式发展提供引擎和源动力。保障和改善民生，实现全体人民的共同富裕要建构在经济发展可持续的基础上。

## 一、改革经济体制，促进共同富裕的生产力潜能释放

社会的现代化进程是全面的现代化，需要通过全面深化改革引领各领域的发展。全面深化改革的重点在经济体制改革，经济体制改革的核心问题是处理好政府与市场的关系，更好发挥市场的决定性作用，为共同富裕奠定基本的物质前提。探讨经济体制现代化的问题可以从以下三方面寻求突破：以科技和金融为核心完善市场政策体系、以各类市场主体为目标增强经济发展活力、以供给侧和需求侧改革为牵引提升经济发展的协调能力。

### 1. 以科技和金融为核心完善市场政策体系，织密共同富裕的经济之网

共同富裕的实现有赖于完善的市场政策和制度体系，市场政策和制度体系是市场经济稳健运行的保障，必须依托政府有效的宏观调控和顶层设计，提高驾驭社会主义市场经济的能力，实现社会生产力的预期均衡发展。一是培育和完善更加健全的要素市场，这是发挥市场在资源配置中的决定作用的必要条件，也是激发创造财富的源泉充分流动的基础。2020 年我国出台了《关于构建更加完善的要素市场化配置体制机制的意见》，强调完善要素市场化配置是建设统一开放、竞争有序的市场体系的内在要求。要素市场包括资金市场、劳动力市场、房地产市场、技术市场、信息市场、产权市场等，根据不同要素的属性、市场化程度、社会需要程度逐次破除要素自由流动的体制机制壁垒，加强新发展阶段的要素市场制度化规范化建设，营造生产要素流动自主、有序的环境。二是建构鼓励开放与创新的迭代制度，匹配市场经济高质量发展模式，促进高质量共同富裕的发展。坚持稳预期，强化现代产权制度的归属感，提升市场经营的安全感，让各种所有制的经营者吃下“定心丸”；注重产权重组和裂变后续流

转的顺畅性，保障经济运行的质量与效益。对于创业就业的隐形壁垒，诸如注册门槛，要前置问题并立行立改，坚决推进商事制度改革，打造轻审批重监管的活跃氛围。增强知识产权对科技创新成果转化的长期激励；明确数据权属和流转的相关交易规则、制度；确立无形资产抵押融资制度；实行破产清算改革，理顺和解与整顿制度。建构完善的跃升性和退出性制度安排。三是保持金融稳定，防范化解系统性金融风险，为共同富裕兜牢经济之网。金融作为现代经济的核心，要发挥宏观调控的作用，保持价格稳定，这是金融稳定的基础条件；银行业稳定对金融稳定具有决定性意义，通过制度安排保障信息对称、风险分担、校正纠错机制的良性建构，探索与社会主义市场经济相适应的风险补偿机制，完善金融市场基础设施，强化有力的调控与监管措施。四是规范家族财富托管等辅助性政策，吸引国际财富流入国内市场进行投资。通过创新融资策略，革新现代化经济运行的制度设计，吸纳更多的国内外社会财富，为经济发展提供源源不断的资金支持，让财富充分流动起来。

2. 以各类市场主体为目标增强经济发展活力，增强共同富裕的主体力量

市场主体是最大的民生，要强化市场主体本位的思想，培育壮大市场主体，满足不同主体的需求，调动大中小企业和个人干事创业的积极性，增强经济活力和韧性，积聚共同富裕的主体力量，发挥社会主义市场主体在盈利和非盈利方面的创造性。一是营造诚实守信、公平竞争的营商环境。鼓励广大民营企业和个人发扬企业家精神，辛勤劳动、诚实经营、敢于创业，勇于创造更多的社会财富；同时将政府干预减少到最适当的程度，强化政府服务市场的功能，维护市场主体的合法权益，降低市场主体的运维成本，以问题为导向为市场主体纾困解难，保护竞争的独立性和平等性。二是以税收、转移支付等政策为中低收入群体和欠发达地区赋能。营造民生为本的社会经济环境，通过技术融入、资金支撑为慈善事业、基础设施、公共服务等领域赋能，实现资源优化配置，提供更多的就业岗位，引导企业和个人依托自身优势、资源、技术能力积极创造财富，为共同富裕持续助力。三是引导市场主体构建共荣共生的新型劳动关系。规范劳动者和企业之间的信息对称机制、冲突协调机制，以软制度建设强化企业与劳动者的心理契约，探索共生型企业软制度嵌入企业生产经营活动的模式，面向弹性工作、灵活就业等多种劳动形态出台适宜的包容性保障法

规，打造相互依存，双向互惠的和谐劳资关系。

3. 以供给侧和需求侧改革为牵引提升经济发展的协调能力，提升共同富裕的整体质量和水平

着力解决供给与需求错位这一制约经济发展速度和质量的关键问题。新常态下需要供给侧与需求侧双向改革发力，通过制度的改革提升经济长期稳定发展的协调能力。一方面，从生产端、供给侧、结构性调整入手，解决产能过剩的问题。我国经济运行的主要矛盾仍然是在供给侧，当前产能过剩已经成为制约经济转型的一大包袱，供给体系总体上属于中低端产品过剩，高端产品供给不足。在适度扩大总需求的同时，去产能、去库存、去杠杆、降成本、补短板，通过“三去一降一补”调整供给与需求的匹配关系，压缩重复、低效产能，淘汰过剩和落后产能，打造全新的供给侧生产平台，加速人流、物流、数据流、资源流汇入，在关键科技领域持续发力，从生产领域加强优质供给，减少无效供给，扩大有效供给，提高供给结构适应性和灵活性，提高全要素生产率，使供给体系更好适应需求结构变化。另一方面，注重需求侧管理，适应国内大循环为主体的发展格局。需求侧支付能力随着人口红利的消减而有走向低迷的态势，需求侧消费能力对经济发展的制约也越来越凸显。要引领和创造新需求，培育完整的内需体系，实现经济高质量发展的效率变革。具体来讲，通过制度建设畅通消费环节，减少消费垄断，降低消费成本，改善消费环境和配套建设；升级加强汽车、住房等传统消费；拓展投资空间，保持投资的合理增长。按照市场导向的要求来规范政府的权力，调整滞后的制度陈设，形成需求牵引供给、供给创造需求的更高水平动态平衡，提升国民经济体系整体效能，在供给与需求的动态调整中实现更加均衡发展的共同富裕。

## 二、优化发展结构，推动共同富裕的现代化布局升级

我国在全面建设社会主义现代化国家、向第二个百年奋斗目标进军的新发展阶段，面临经济增长速度换挡期、结构调整阵痛期、前期刺激政策消化期的“三期叠加”问题，这一系列问题表象上是不相关的问题，实质都是结构问题。有序调整经济布局是一盘大棋，要规划好时间表与路线图，以结构高质量转型引领经济高质量发展。结构调整主要聚焦产业结

构、城乡结构、区域结构的升级发展。

1. 从满足人民日益增长的美好生活需要出发，优化产业结构，促进一、二、三产业协调健康发展

产业结构优化升级的目标，是形成以高新技术产业为先导、基础产业和制造业为支撑，服务业全面发展的产业格局。一是进一步巩固农业的基础地位。我国农村人口约 9 亿人，前 40 余年的发展以相对牺牲农业为代价，在更高水平的现代化阶段上要注重对于农业的反哺和大力投入，推动广大农民群体提高生活水准与收入水平，大踏步走上共同富裕之路。有序引导农业产业化、规模化发展，普及现代农业技术，鼓励高附加值的农产品加工业发展，提高耕地、水资源的利用率，解决资源短缺的矛盾，追加水利基础设施的建设投入，补贴机械、农药、化肥的生产成本，提高农产品价格，切实增加农民收入。二是着重调整工业体系结构。协调发展的工业体系是实现共同富裕的重要抓手。要以市场为导向、以政策为推手，促进传统产业优化升级，传统产业不一定是落后产业，对于基础性的劳动密集型和以制造加工为主的产业，强化科技、互联网技术的融合发展，综合运用经济、法律、行政手段转换发展模式，调动发展潜力。重点扶持战略性新兴产业、绿色产业，占据国际竞争的制高点和主动权，发挥“互联网 +”模式、“绿色 +”模式，以及自动化技术、人工智能、云计算在新产业融合创新发展中的作用。不论传统产业还是新兴产业升级发展，都要把实体经济作为战略基点，避免产业改造中出现空心化、金融泡沫的情况。三是提升第三产业质量。现代服务业是现代化发展水平的重要参考点，要发挥现代服务业推动行业发展的协调性和稳定性能力，实现服务业现代化升级。一方面，以人民生活需求为导向，开发服务新业态，满足不同人群的服务需求梯度，提升生活性服务业的品质。另一方面，加快一批创新创意中心建设，引领生产性服务业与制造业深度融合发展，开辟新领域，开发新模式，嵌入高文化品位、高技术含量、高增值服务、高感情体验、高精神享受的创意项目开发，提升消费服务的质量，促进更高质量的共同富裕。四是发挥立体产业结构集成优势。要顺应产业界线模糊化的趋势，鼓励具备关联性的产业进行系统性、链条性、层次性开发，推动现代农业、工业、服务业资源整合发展，在现代工业和服务业领域大力挖掘立体性发展的因素，推动产业融合建构，为实现共同富裕奠定良好的国民经济体系

基础。

2. 在发展中以城乡统筹的方式解决二者差距的问题，构建新型工农城乡关系，解决共同富裕中的“共同性”难题

城乡二元经济结构是制约经济发展的最大结构性难题，关键要协调城乡发展问题。一是持续而全面推进乡村振兴战略和农业农村现代化。从土地制度改革入手深化农村经济体制改革，规范农村土地征收程序，完善集体经营性建设用地入市的条件和交易规则，建立城乡统一、开放有序的土地要素市场，在加强监管、防范风险的前提下消除资金流动的城乡封锁，保障流转中农民的基本权益。发展农村基础设施建设和公共服务体系建构，推进农村生存环境现代化，改善村容村貌文明程度，创新农村治理体系。引进加工技术，提高农产品附加值，发展现代农业。规划乡村小镇特色建设，结合地域特色发展乡村观光休闲与养老产业，建构田园共同体，增加农民财富保有量和财产性收入。二是实施高质量城镇化战略。城镇化最终还是人的城镇化，这一过程要以人的体验和需要的满足为核心。以政策接轨接纳农村转移人口融入常住地，保障享有与城市居民同等的基本公共服务和福利制度，在住房、医疗、就业、教育、卫生等关涉基本民生的领域要有倾斜和扶植政策，助力广大农民工、非农劳动群体改善基本的生存条件，培育融入感、归属感、成就感、奉献感，保障流入城市的人口享有高质量的生活品质。三是提升城市相对贫困人口的生活水平。城市相对贫困人口是随着经济社会的发展以及脱贫攻坚任务完成后新出现的一个群体，即城市中的低收入人口，他们没有困难到需要申请援助的地步，但生活水平始终维持在基本温饱线上，发展能力不足。解决这部分相对贫困问题要建立长效机制，以教育、技能培训等措施提升相对贫困人口的个人素质，提升自身的生存技能。同时，扩大社会公共服务的覆盖面，强化先富带后富的社会拉力，以第三次分配的力量缓解这部分群体的无关照困境，发挥政策的普惠性、基础性、兜底性作用，使人民共享现代化建设改革发展中共同富裕的成果。

3. 依托区域特色提升发展的平衡性、协调性、包容性，弥合共同富裕的地域差异

区域结构差异造成的发展不平衡属于原生性问题，协调区域经济差异的问题不是要抹平差距，而是依托区域特色发展经济。一是打造现代化的

城市群和立体化都市圈。打破城际流动壁垒，完善城际交通、公共服务等的政策协商与配套，以京津冀、长三角、珠三角三大都市经济圈为辐射，带动区域一体化发展的新趋势。二是建立跨地区转移支付体系。推动东部、中部、西部地区高质量发展，打造一批跨地区转移支付的示范区，以税收等政策优惠鼓励东部地区企业开展跨区域经济合作，带动中西部经济发展。三是以功能性特征为依托发展规模经济。要挖掘不同地区的功能性特征，挖掘其在国内、省内经济发展中的定位和潜力，以规模经济的集成效应为主导发展规模经济，挖掘中西部地区的市场发展潜力，让中西部地区更多承接制造业转移，并参与利益分享，发挥区域优势进行能源、技术、资金置换，畅通国内大循环的政策通路，增加区域发展的协同性与互补性。

## 三、创新驱动新经济业态，推动共同富裕实现跨越式发展

现代经济的发展变革随着科技因素的渗透越来越展现出多样化态势，实现现代化的经济体系升级和经济高质量发展、跨越式发展，要坚持以科技创新推动经济发展质量变革、效率变革、动力变革，全面塑造发展新优势，将科技创新和体制机制创新结合起来，推进创新科技体制改革，深化支持全面创新的基础制度改革，提升科技创新体系的整体效能，强化原创性、引领性科技攻关支持，推动科技实力不断向现实生产力过渡。

### 1. 探索发展数字经济新模式

数字经济是现代经济发展的一种新形态，它的基础要素是大数据，通过直接或间接引导资源发挥作用，推动生产力发展。数字经济催生出经济发展的多种新业态，以高技术性和分享性为特征，使经济发展的产业链更短、更扁平，产业布局更分散、高效。依托数字经济，搭建大数据平台，建构线上线下相统一的国内大市场，突出经济增长的共享性，为更加平衡更加充分的共同富裕提供新的发展思路。

### 2. 充分利用平台经济的线上运作模式

平台本质上就是市场的具体化。平台经济以开放互联的场景构建信息自由流动的渠道，在贯通国民经济循环各环节中具有显而易见的战略优势。在发展平台经济的过程中需注意两点。一是改变平台行业参与者竞争

无序无矩状态，坚持发展与规范并重。平台行业的竞争状态存在赢者通吃的数据垄断局面，部分视频领域的巨头几乎垄断了视频资源市场，这不利于平台经济的新陈代谢。要推动平台立法，实行内容规制、资源类型分层，使平台企业分流发展；要有效保护创新，完善平台资源准入与竞争机制，关闭盗版非法经营窗口，净化平台生态。二是调节平台消费群体的可获得性与可负担性的张力，以强力监管保有信息价值的适度性。平台用户多为年轻群体，受到精准营销的影响，在消费认知准确度上存在着信息偏差。要规范数字足迹的追踪手段波及面，以硬性约束和软性约束共同发力提升消费群体的认知能力和用户体验的信任度，改善消费观念，避免超前消费陷阱，推动平台模式更加成熟、定型。

3. 做优做强共享经济新业态

共享经济是数字经济时代搭载平台模式催生出的一种新的经济业态。2020 年我国共享经济市场交易规模约为 33 773 亿元，表现出巨大的韧性和发展潜力，成为经济社会数字化转型的重要推动力和共同富裕的重要抓手。共享的实现要突破空间和关系两层阻隔，共享的空间层面强调可接触性，共享的关系层面强调信任度，既可接触又具备高信任度才有分享与连接，实现资源流动和整合，在共享经济的运行中发挥零边际成本和最优匹配的效应。共享经济的发展经历去中介化和再中介化两个阶段，去中介化强调打破劳动者对商业组织的依附，再中介化强调更广泛的接触，要探索适宜共享经济发展的新模式。

4. 规范零工经济健康发展

零工经济是共享经济的重要组成部分。这一经济模式以自由职业者为主要群体，通过互联网和移动平台快速匹配供需方进行工作接洽，逐渐成为现代自主创业的主基调。零工经济具有更加弹性的用工效率，使人力成本更加精益，劳动者能依据自身优势充分发挥个体价值，为市场提供知识、技能、经验等无形的产品和服务，创新了现代经济新业态。从宏观上看，零工经济的经济体量呈现逐年增大的趋势，并在东部、南部地区以聚集态势迅猛发展，西部、北部偏远地区则式微；分布行业主要集中在生活服务业、交通出行、直播带货、在线教育等领域。零工经济为城乡居民提供了广泛的就业岗位，是具有较大的成长性的一种新经济业态。零工经济面临东西发展不平衡的差异，要制定政策宣传、鼓励中西部地区引入零工经济新业态，规范零工经济行业准入和行业标准，对这一业态的长效发展模式进行规划，为民族特色产业赋能，开发共同富裕新路径。具体来看，零工经济从业人员 2020 年已超 8 000 万，这一业态对人力资源合理流动和优化配置起到重要的拾遗补阙作用，为处于就业和失业状态之间的劳动者提供了第三方选择，对劳动密集型产业和行业形成“虹吸效应”。零工经济从业者多为传统生产制造业工人、农民工等群体，人群分布多为年轻人、受教育程度不高的人、女性、农村劳动者，收入水平普遍偏低，技能要求普遍不高，工作方式趋于碎片化但形式更加灵活化。零工经济是共享经济在人才市场上的体现，这一新兴业态的发展要注意以下三点。一是将从业者纳入法律规范的标准劳动关系。当前零工经济从业者与从业平台的关系尚不明朗，需要填补在法律上的关系与地位存在的空白，以保障从业者基本劳动权益。二是规范从业者的技能培训。处于零工经济的高精尖行业工作者，如创意设计师，因其技能的不可替代性，一般拥有较大的议价空间，收入更加稳定性；而准入门槛较低行业的从业者不得不以自我剥削的方式保障必要的收入水平，如网约车司机较大受制于签约的平台，普遍需要以较长的时间投入置换具有较大不确定性的收入。要推出零工从业者职业路径的发展规划，形成多元技能发展渠道，让这部分人收入更加稳定，从业更加安心，这是获得实质性劳动自由的关键。三是完善零工经济的服务评价制度，建立工会体系。零工经济是未来经济形态，拥有更广泛的市场需求和应用场景，规范监督形态有利于这一新业态健康发展，为现代化建设注入生机与活力，为实现全体人民共同富裕积聚更广泛的劳动力基础。

经济社会的发展公平，要有扎扎实实的发展成果为依托，数字经济、平台经济、共享经济、零工经济的深入发展，为人人参与、人人享有的发展思路提供了时空模型，要不遗余力地发展这一系列新的经济业态，将共享、共富的理念内嵌于现代化建设之中。

## 第二节　调整和变革社会关系是实现共同富裕的关键路径

建设共同富裕的现代化强国单纯依靠生产力的发展需要极长的历史过程，加速这一目标的实现要充分发挥社会主义的优越性，坚持中国共产党的领导，全面从严治党，提升管党治党水平和能力；坚持政府机构现代化改革，增强国家治理体系和治理能力现代化；坚持社会治理，形成满足人民日益增长的美好生活需要的多元利益分配格局。通过理顺各类社会关系，凝聚实现全体人民共同富裕的合力。

## 一、坚持党的领导，发挥党在推进共同富裕中的领航掌舵作用

实现中国的现代化始终要有一个坚强的领导核心，这就是中国共产党。中国共产党有能力带领中国成为现代化强国，这种现代化不同于西方发达国家资本主义式的现代化，而是具有中国风格和中国气派的现代化，共同富裕始终是中国现代化的重要目标。帕森斯认为“现代化本身就是一种发展变迁”，就中国而言，这种发展变迁的指向是共同富裕。通过调整和变革社会关系来释放现代化发展潜力，实现中华民族伟大复兴，离不开党的建设新的伟大工程的全面推进。十六届四中全会以来，党驾驭社会主义市场经济的能力，发展社会主义民主政治的能力，建设社会主义先进文化的能力，构建社会主义和谐社会的能力都在与时俱进。在新世纪新阶段，党的建设伟大工程仍需稳步推进，坚持党要管党，从严治党，全面提升党的领导能力，这是推进共同富裕的根本政治保证。通过深化改革建构总揽全局、协调各方的党的领导体系。中国共产党领导是中国特色社会主义最本质的特征，是中国特色社会主义制度的最大优势。“总揽全局、协调各方”准确概括了党的领导的基本定位。

### 1. 坚持思想建党，坚持马克思主义在意识形态领域的指导地位，为实现共同富裕确立思想航向

中国特色社会主义现代化事业面临百年未有之大变局和中华民族伟大复兴的战略全局，国际体系和国际秩序深刻调整，大国战略博弈全面加剧，人类文明合作面临的挑战层出不穷，不确定性和不稳定性因素增加；同时，我国社会主要矛盾变化带来发展的新特征与新要求，经济由高速发展转向高质量发展，改革进入攻坚期深水期导致社会矛盾问题凸显。在新的历史阶段统筹好“两个大局”的关系，稳步推进现代化事业，为实现共同富裕把稳思想之舵，需要党的坚强领导，其中最重要的就是保持战略定力，于风云万变中始终保持马克思主义在党和国家的核心地位。对此要做

到“两个始终坚持”。一是始终坚持马克思主义的世界观和方法论。马克思主义的世界观是我们认识世界和改造世界的锐利武器，通过把握共产党执政规律、社会主义建设规律、人类社会发展规律，掌握共同富裕事业发展的历史主动；通过把握历史思维、底线思维、战略思维、创新思维、辩证思维等方法论不断创新推进全面深化改革，不断向顽瘴痼疾开刀，突破利益固化藩篱，不断冲破思想束缚，突破体制机制障碍，不断解放和发展生产力，为实现伟大复兴定政策促改革。二是始终坚持将马克思主义基本原理同中国具体国情和中华优秀传统文化相结合。共同富裕是前无古人的历史伟业，将马克思主义中国化时代化大众化是现代化建设事业的永恒课题，也是实现共同富裕的保障与基础；不断将马克思主义与中华优秀传统文化相结合，铸就中华文明新辉煌，为现代化事业凝心聚力，提供思想保证，为共同富裕注入中华元素，彰显中国特色。

2. 完善联系广泛、服务群众的群团工作体系，为实现共同富裕铺就高效、便捷的工作网络

党的群团工作体系是党的队伍建设的依托，有效的组织是党开展经常性、基础性工作的坚实力量。随着现代化事业的推进，群团组织也要配套进行机构设置、管理模式、运行机制方面的改革，进一步激发基层群众干事创业的热情。群团组织的机构设置改革要把权力重心下移，因地制宜、因团制宜配备职能岗位，统筹编制资源，由群众根据实际需要大胆创新，把更多的资源、服务放到基层，真正摸清并解决群众对实现共同富裕的基础需求。要发挥一线工作者的主动性创新管理模式，尤其要注重在非公有制经济组织、社会组织、城乡社区等领域和农民工、自由职业者等群体中延伸组织体系，注重实施上网工程，打造网上网下相互促进、有机融合的群团工作新格局。要通过制度规范群团组织的设立、议事、报告等运行机制，以发挥群团组织的凝聚力、战斗力，在充分发挥集民智、解民需的过程中推动人人参与的共同富裕的实现。

3. 不断推进使命型政党和学习型政党建设，以自我革命的精神引领现代化建设事业，做好推进共同富裕的领头兵

使命型政党彰显了中国共产党政党治理的独特优势。中国共产党从建党之初就秉持为国家谋独立、为民族谋复兴、为人民谋幸福的初心和使命，新发展阶段更是将人民对美好生活的向往作为党的奋斗目标。使命型

政党建设要求党员干部赓续这一文化传统，主动担当作为，肩负起现代化道路探索的领路人使命。学习型政党建设是党始终走在时代前列的决定性因素，在革命、建设、改革的历程中党不断学习并吸收借鉴一切有利因素发展中国。面临复杂的世情、国情、党情，学习型政党建设要求党员干部将科学理论和经典著作学深悟透，结合中国实际国情为现代化建设和共同富裕事业谋篇布局；要围绕党的大政方针开展多种形式的学习教育活动，提升党员的素质基础，提升对推动共同富裕各领域工作的认识能力和解决问题的能力；要以我们正在做的事情为中心，勤学善思，总结经验，创新理论，增强党的自我塑造力。自我革命的精神贯穿于使命型政党和学习型政党建设之中，也是党作为现代化建设坚强领导核心的政治基因。党的自我革命要正确处理好守正与创新的关系。守正要求坚守革命优良传统，不论中国特色社会主义发展到何种程度都要坚持四项基本原则，根据时代主题、历史任务、社会矛盾的变化与时俱进地改革创新，将继承性和发展性结合起来。只有处理好守正与创新的关系，才能带领全体人民在实现共同富裕的路上保持战略清醒，作出符合国情的政策举措。

4. 强化党内监督执纪，保持党的人民性、先进性、纯洁性不变色，稳步推进共同富裕目标的实现

党内监督要从体系健全和制度约束上加强，提升管党治党主体责任，强化主责意识。一是党内监督体系在党委全面监督、纪律检查机关专责监督、党的工作部门职能监督、党的基层组织日常监督、党员民主监督的基础上，着力消除对公权力行使的监督空白和盲区，织密监督网络，做到权为民所用、情为民所系、利为民所谋，保障权力使用的共同富裕指向；在充分发挥党内监督主导作用的同时，加强党内监督和党外监督的协调配合、聚焦发力，并加强各种监督形式上的对接，通过内外联动形成合力；要抓党员领导干部这个“关键少数”，形成“头雁效应”，督促各级领导干部自觉接受监督、带头开展监督，带动和促进整个监督体系不断健全，更好地运转。二是我们党历来重视党内监督，包括出台《中国共产党章程》《中国共产党党内监督条例》等法规制度，这对于党内监督的对象、内容以及监督的制度等都作了明确的规定，仍需结合不同的监督对象和各地区、各部门的不同问题，使监督制度更有具体性和针对性，形成靠制度管权、管事、管人的长效机制，推动监督制度更加成熟更加定型。将权力关

进制度的牢笼，以刀刃向内的勇气实施监督，始终保持党同人民群众的血肉联系，这是增强党的领导能力的基础，也是保持党的先进性、纯洁性并朝着共同富裕的方向引领现代化强国建设的基础。

## 二、打造服务型政府，推进国家治理体系和治理能力现代化，提升共同富裕的国家治理水平

政府的效能与社会主义现代化事业高度关联，政治体制的变革要充分释放发展型政府的潜力，为实现共同富裕这一社会主义的本质要求奠定良好的政治生态。政治体制变革要以我国的根本政治制度不变为前提，改革政治管理体制，增强解决社会矛盾的能力，建设服务型政府，保持国家政局稳定、社会长治久安，保障共同富裕和现代化事业的顺利进行。政治体制变革要从制度与法规的现代化、工作体系和思路的现代化、程序与运行模式的现代化角度探讨，构建实现共同富裕的国家工作体系。

1. 树立制度权威，使共同富裕朝着法制化方向发展

制度与法规的现代化强调法度的核心为“人”，中国之治的制度图谱日臻完善，高质量的制度供给格局正在深化，要持续以系列制度安排和宏观顶层设计规范人的行为和发展，贯彻习近平法治思想，坚持和完善人民代表大会制度，适应时代要求修订完善基本法律法规，体现不同时代的人民民主特征。2021 年我国施行 30 多年的全国人民代表大会组织法和全国人大议事规则，将“全过程民主”写入法律，充分彰显了制度设计的不断完善，这为进一步推进全体人民共同富裕提供了制度保障。一是坚持社会主义协商民主制度建设广泛多层发展。协商民主的实践从新民主主义时期发展而来，经过历史证明是适合我国民主进程的有效制度安排。新时代中国特色的协商民主有很大的发展空间，完善协商渠道的程序性制度建设，实现从“关心协商”到“必须协商”，从“可以协商”到“程序协商”，从“软办法”到“硬约束”的转变，为各领域人民更加充分、有序参与共同富裕的实践提供政治诉求的表达渠道。二是深化新时代干部人事制度改革、公务员制度改革，完善选人用人机制，为共同富裕培育优秀的后备人才。建设高素质、专业化的干部工作队伍，真正将权为民使用、利为民所谋、情为民所系作为培养领导干部的考量标准、量化选拔标准与任用标

准，以制度安排提高拒腐防变和抗政治风险能力，使各级干部成长为人民的可靠公仆，为现代化建设打牢政治根基。三是发挥村民自治制度的基层作用。村民自治制度是一项具有中国特色的基层民主制度，通过创新村民自治的形式，提高基层民主的政治效能，调动基层群众干事创业的积极性，形成人人参与、人人享有的局面。

2. 工作体系和思路的现代化是服务型政府建设的方法论层面，通过方法论革新引领共同富裕的实践向纵深发展

我国的领导体制和国家机构的设置已趋于完备，四梁八柱的基本架构已经建立，尤其是在党的十九届四中全会上提出国家治理体系和治理能力现代化的发展目标，更加成熟更加定型的制度安排正在路上，与之相匹配的工作体系和思路模式也注重与时俱进。改革开放以来，我国政府不断突破传统体制的束缚，实行“允许一部分人先富起来，先富带后富”的发展思路，适时提出“社会主要矛盾转变”和我国进入新发展阶段历史方位的判断等，都体现了政府在领导思路与工作思路上的高瞻远瞩，体现了对共同富裕的长久谋划。提升领导能力要注重工作思路的发展性，一是坚持系统论的工作方法，制定全景性的现代化政策体系，拓宽共同富裕的社会视域。面临百年未有之大变局和中华民族伟大复兴的战略全局，社会联结的复杂性和多维性飙升，绝不能再以单向度的方式开展工作，要从互动性和全景性的视角运筹帷幄，注重体制改革的综合性与配套性，注重顶层对标增强领导能力。二是政策要有精准的靶向性，要有深入研究中国问题的能力，深度解决影响共同富裕实现的难题。公共政策是政府治理的有效手段，确保公共政策制定、执行的精准性、科学性、有效性，是推进政府精准治理的题中之义。经过 40 余年的改革开放，我国基础领域的改革均取得实质性成效，而接下来的改革面临更多更艰巨的任务，政治体制领域的改革也同样要谋定而后动，制定的政策要具体化、有针对性，不断推进改革向精深领域延伸。精准性政策的实现要立足精准研策、精准制策、精准施策、精准评策，把握时代的脉搏，对于相对贫困、城乡差距、区域差异、中等收入陷阱等实现共同富裕历程中遇到的疑难问题，必须以精准的政策安排逐个击破。

3.政府行政能力是服务型政府建设的运行层面，通过提升政务服务水平增进共同富裕的现实效能

在行政机构和行政决策程序的规范上要纵深推进放管服改革，其实质是政府的自我革命，通过简政放权、放管结合、优化服务，提高业务水平和行政效率，目的始终是更好地为人民服务，更好地保障共同富裕的实现。一是厘清部门内部的权责关系，建设一体化平台。通过平台建设打破信息壁垒，营造安心舒心的政务环境，着力解决民众关心的问题，提升民众的效能感、体验感、安全感。二是打破数据孤岛，增强跨省通办的协调和流转能力。立足业务的全生命周期坚持目标导向、结果导向，提升智慧平台共享和现代化运作。电子政务水平是国家治理体系和治理能力现代化的重要体现，电子政务在互联网大数据的背景下发挥着新型的、先进的、革命的系统性作用。它催生出无纸化办公新形态，对于提高行政透明度、便利化，降低行政成本，提供高质量行政供给充满前景预期。面对“电子+政务”的挑战，推进更高质量的共同富裕要在行政能力上不断发力。三是改变工作人员对电子政务的传统性认知，增加接受和培训力度。增强工作人员对电子政务的重要性和应用场景的认识，逐步推广全过程的现代化管理和服务模式，同时要增强社会认可度和参与度，收集民意反馈及用户体验，引导人民认识到电子政务的公共物品属性，积极以新途径参政议政，行使各项权利。四是解决平台的硬件系统和网络平台的软件推广和维护问题。对安全和保密性能做到充分保证，新旧政务系统的对接要平稳、逐渐过渡，相应地对职能、岗位、程序等的重组和调整也要有周全的方案，保证人民的政务受理不受大的影响。政务系统智能化是推进共同富裕的必然选择，提升政务办理能力，让群众有更好的政府服务体验，是满足人民更美好的生活需要的重要部分。

## 三、完善社会协调机制，优化利益分配格局，促进全体人民共同富裕

按劳分配为主体，多种分配方式并存的分配制度是现代化建设的托底制度之一，在实现共同富裕的路上，要坚定不移优化利益分配格局，不断完善政策和调控工具，实现橄榄型分配结构，防止中等收入陷阱，不断满

足人民对美好生活的期待。在实现共同富裕的过程中，要注重初次分配、再分配、三次分配手段的现代化，通过这三个领域的配套改革优化利益分配格局。

1. 初次分配强调按贡献参与分配的原则，通过激发分配制度的潜力，提高劳动报酬在初次分配的比重

在经济社会高质量转型发展中，继续发挥市场在要素配置中的作用，使一部分人依然可以通过勤奋劳动、诚实经营积累较多社会财富，鼓励多种分配方式按贡献参与分配，可以激发社会生产力发展的活跃力量。初次分配的份额也应当稳步提升。于宏观政策而言，着力提高低收入者的收入，逐步提高最低工资标准。通过制度安排，及时完善"最低工资标准"的相关法规，提高最低工资标准，缩小收入分配领域的差距。于微观制度而言，建立工资正常增长机制、支付保障机制、要素贡献评价机制。通过调控劳动立法，优化企业职工收入与经济效益同步增长的机制，完善集体协商共决平台，加强工会组织发挥实质性效能，促进工资市场合理发展，调动人民群众的劳动积极性。完善各类市场要素参与贡献分配的机制，让创造财富的源泉充分涌流，为共同富裕积累更多的社会财富。

2. 实现收入分配结构更加合理，最终还要提高再分配能力现代化程度

在这一问题上，要解决的重点是扩大中等收入群体份额，中等收入群体是共同富裕的基本盘，尤其需要关注这几个类型的人群。一是增加农村低收入群体收入。2020 年我国已实现农村人口全部脱贫，脱贫之后的这部分人群仍然是低收入群体，让这部分人走出低收入水平行列，跨入中等收入阶段，需要再分配手段与"三农"问题协调推进，农业生产经营体制、农村福利制度、农民补贴、技能培训、土地流转等问题都应进行改革创新。二是增加农民工群体收入。农民工群体目前勉强算得上中等收入群体，按照 2020 年平均工资标准，他们的收入平均是 4 500 元多一些，巩固这部分人的稳定收入，通过社会保障和基本公共服务托底，解决农民工的城镇居民户口落地问题、在城市的住房问题、随迁子女的教育问题，基本上可以使这部分人口的生活水平跃上新台阶，进一步充实中等收入群体队伍。三是增加高校毕业生群体收入。高校毕业生刚步入社会，要通过税收、转移支付、社会保障机制精准化，为他们提供更加翔实的社会公共服务，解除在大城市打拼的后顾之忧，成长为稳定的中等收入群体，化解初

次分配的收入差距问题。

3. 三次分配协调配套，发展公益慈善事业，实现资源和财富在不同社会群体间的微循环

发挥公益慈善事业对于推进共同富裕的作用有三点需明晰，一是第三次分配并非时空序列上排在初次分配和再分配之后的分配手段，而是不同层次划分上的分配方式，同时第三次分配也并非完全意义上的社会行为，政府应承担“看不见的手”的作用，以资助和监管的方式渗透到第三次分配中，营造慈善的社会氛围，为共同富裕积累社会力量。二是第三次分配要结合中国传统文化习惯和道德的力量，在政策配套上，要注重以价值引导、社会评价、激发多元社会主体的自愿行为，通过民间捐赠、慈善事业、志愿行动等方式济困扶弱，作为再分配的有益补充。三是第三次分配专业化、规范化发展需要对慈善资源筹募者进行适当的资历确证和严格的项目管理，健全新闻媒体、公众等社会力量的监督和制约机制，加强社会对慈善组织运作的外部监督，避免慈善资源利用不当造成风险爆发，影响第三次分配的大局，着力实现“先富带后富、帮后富”。

分配水平的提升能为实现共同富裕创造良好的条件，橄榄型分配结构是比较理想的现代社会结构，以分配、再分配、第三次分配的协同手段扩大中等收入群体比重，增加低收入群体收入并使其迈入中等收入行列，合理调节高收入，取缔非法收入，形成中间大、两头小的橄榄型分配结构，有助于形成人人参与、人人享有的合理分配格局。同时，切实提高中等收入水平，以分配能力的现代化改革畅通不同收入群体的流动性，以社会协调政策和“先富带后富、帮后富”的理念促进普惠共享，有助于有效应对中等收入陷阱的挑战，促进社会公平正义，促进人的全面发展，使全体人民朝着共同富裕目标扎实迈进。

## 第三节　建设和弘扬社会主义精神文明是实现共同富裕的智力通途

在实现共同富裕的现代化强国建设过程中，“五位一体”的总体布局强调发展的协调性，其中精神文化建设是重要的一环。要大力发展社会主

义文化和教育事业，塑造共同富裕的智力基因；凝聚广泛的社会共识，形成共同富裕的精神合力；推进社会主义民主法治建设，营造共同富裕的文明氛围，打造物质文明和精神文明协调发展的共同富裕。

## 一、推进文化和教育体制改革，为共同富裕提供智力支持

文化和教育体制改革在推动社会主义精神文明创建过程中发挥着积极作用。要坚定不移地实施中国特色的教育发展战略，提升人民群众的知识水平和劳动者的素质能力，不断培养面向现代化、面向世界、面向未来的现代新人，建设持续发展的知识型社会，为高质量的共同富裕提供智力支持。

1. 深化教育领域综合改革，增加全时段素质教育和技能培训的投入力度，打破贫困的代际传递，促进共同富裕发展。

教育系统的改革关乎未来发展，是塑造新型劳动者的关键，全党、全国、全社会都高度关注，这也是关涉民生的基础领域。一是优化教育制度安排，建构更加普惠、公平的人才培养体系。教育作为一种发展资源，要更广泛地惠及广大群众，提升义务教育阶段质量，将义务教育资源均等化与巩固脱贫攻坚成果结合起来，在入学、办学、发展等方面维护教育起点公平，落实“双减”政策，杜绝教育内卷；加强职业教育配套政策支持，纠正公众对于职业教育的偏见，以社会需求为导向深化职业院校与社会、企业的产学研联合；规范多元化办学类型，支持民办教育做优做强，探寻特色发展；促进高等教育内涵式发展，坚持社会主义的办学方向，与时俱进地调整办学层次、比例、质量等结构性问题，立足建构创新系统，完善现代学校制度；从严治理学科类校外辅导机构，根据素质教育发展要求规范课外培训机构转型发展。二是教育资源继续向农村地区和偏远山区倾斜。农村和偏远地区由于自身的区位劣势，教育资源匮乏，教育水平滞后，成为共同富裕需要重点关注的地区。各级政府机关部门需要持续增加对这些地区的教育资金投入，逐年投入递增比例的教育经费、教育基础设施经费；师资力量的配备可通过县招乡用制度，引入师资；教育条件较好的学校定点帮扶乡村学校，共享资源；鼓励开展跨区域援建新校等项目，提升教育水平，打破贫困的代际传递。三是以就业市场为导向，为社会人

员尤其是低收入人员、有志于接受再教育人员提供普惠性技能培训资源，提升个体人力资本潜力。社会低收入群体往往缺乏社会就业所需的个人技能，在人力市场竞争中处于劣势。要鼓励由政府部门、公益组织、社会团体牵头开办各种类型的就业技能培训，拓展与企业合办的形式，这类培训需要以普惠性质出现。政府可以给予相关企业以一定的荣誉及贷款、业务的政策优惠，企业为政府开办的技能培训提供师资人才及实习场所，共同为低收入群体和再就业人员改善就业困局、提升生存技能发力。

2. 加大对基础科研领域的投入，以科研创新机制改革为社会经济发展赋能

现代化建设带来重大机遇，颠覆性技术不断涌现，这些技术的底层逻辑都是基础科研领域。目前国内基础科研领域遇冷，科研人员待遇偏低，基础研发受重视程度不足。一是要推动科研日常运行机制革新换代。要通过适时调整重构科研组织体系，推动科研体系转型，完善国家创新体系，深化原始创新供给能力，建设高水平科技创新平台和成果转化支撑机制，建立适应新兴科技发展的管控与评价的力量布局，实行扁平化管理机制，大力投资高端人才引留政策，简化经费报销等事务性工作，将改革举措和国家政策落实到位，提高整体创新效率。二是要强化重大任务攻关研发的“揭榜挂帅式”发展。重视对基础前沿领域的资源优化配置，以领跑思维鼓励知识分子和科技工作者深度钻研支撑经济社会发展的关键技术和核心领域，支持自由探索，赋予领军创新人才更广泛的科研自主权，倡导能力包容性发展的体制机制构建。三是要建立科研应急反应机制。对科学研究造假、学术不端等作风、学风问题，建立完备的处分机制，在给予知识分子和科研工作者充分自主权的同时，严格科研纪律管控，强化“不敢、不能、不想”的查处力度。营造纯净的科学文化工作氛围。在新一轮科技竞争中要多管齐下赢得比较优势，支撑我国人才强国和科技强国建设，为共同富裕提供驱动力。

3. 多点发力为文化事业发展赋能

习近平总书记在 2020 年 9 月 22 日教育文化卫生体育领域专家代表座谈会上的讲话中指出：“发展文化事业是满足人民精神文化需求、保障人民文化权益的基本途径。要坚持为人民服务、为社会主义服务的方向，坚持百花齐放、百家争鸣的方针，全面繁荣新闻出版、广播影视、文学艺术、

哲学社会科学事业，着力提升公共文化服务水平，让人民享有更加充实、更为丰富、更高质量的精神文化生活。”[a] 文化事业的发展要围绕的核心要素是“人”的因素，要不断满足人民对美好生活的向往和期待，给予人民更充沛的精神财富和精神生活。一是唤起传统文化事业的活力。鼓励剪纸、文学、影视等艺术作品创作，展现中国传统文化之韵的同时注重版权保护，利用现代智能技术打造一批如《唐宫夜宴》《洛神水赋》的特色文艺作品，将文化资源转变成发展优势，让文化遗产重新焕发生机，丰富人们对精神文化产品的需要。二是打造中国特色社会主义文化事业链。将图书馆、博物馆等场所进行全方位的现代化接轨，打造文化品牌效应，推出特色文创产品，可借鉴诚品书店的营销模式，打造故宫联名口红等产品，以品牌效应提升中国特色社会主义文化产品的社会影响力。三是实施数字文化工程。利用大数据互联网手段进行宣传和推广，培育一批有影响力的传媒部门，发挥文化软实力的导向和激励作用，以润物细无声的宣传促进人的文化观革新与思维方式现代化。四是规范文艺工作者职业道德和行风建设。出台严肃的文艺工作者思想道德素质和从业能力资质鉴定规范，净化从业环境，杜绝污点艺人，实行从艺人员职业道德一票否决制，提升社会的整体思想水平，营造实现共同富裕的良好思想氛围。

4. 推动文化产业与社会主义市场经济高度融合，打造文化产业新型增长点

一是扶植并引导文化企业将文化资源与社会资本有效对接，传统媒体与新媒体融合发展，以“文化 +”创新为依托推动高质量文化产品与服务的生产，为人们提供更多精神产品。二是拓宽文化产业面，将文化与旅游、生态等资源进行整合发掘，探索文化与历史的长效发展模式，从文化角度发掘乡村特色、城市特色，将文化产业与城乡建设结合起来，将文化潜力转化为显性收入潜力，提升相对贫困群体的收入水平。三是发展文化产业联盟，建设完备的现代文化市场体系，形成合力与共识，打造创意产业链，注重文化资源的内涵发展和产业集中优化，提升我国的文化竞争力。

---

① 习近平:《在教育文化卫生体育领域专家代表座谈会上的讲话》，人民出版社，2020，第 6-7 页。

## 二、引领社会主义思想文化建设，凝聚实现共同富裕的思想伟力

实现精神层面的共同富裕，不仅需要制度、机制、政策的力量，同样需要进行共同富裕观、现代化观的建构，形成精神的引导力量；发掘民族精神和时代精神的文化潜质，发挥社会道德的心理影响作用。坚持在全社会范围内开展广泛的思想政治教育和宣传，坚持马克思主义在意识形态领域的主导地位，更好地统一思想，以正向引导抵抗负面思潮的侵袭，重塑中国式现代化的文明逻辑，为实现物质文明和精神文明协调发展的共同富裕增添新内容。

### 1. 构筑科学的共同富裕观，不断为社会主义现代化建设提供思想指引

“社会主义最大的优越性就是共同富裕，这是体现社会主义本质的一个东西。”[a] 从理论层面认识共同富裕，它是在探索社会主义现代化的过程中逐渐丰富发展的。第一，党逐渐深化对共同富裕的认识。毛泽东同志是提出共同富裕的第一人，他谈到的“全体农村人民共同富裕”的思想表达了对共同富裕的初步认识，即穷的要通过社会主义建设走上富裕道路，富的要比当时的富农更富裕。邓小平同志从社会主义的本质揭示共同富裕的内涵，谈到消灭剥削，消除两极分化，最终达到共同富裕的价值旨归，强调鼓励一部分人先富起来，先富帮后富并最终实现共同富裕的分步走战略。而后共同富裕又增添了新的时代内涵，不仅涉及经济领域，而且涉及精神领域，在吃饱穿暖的基础上提升人民的精神境界和精神享受。十八大强调要使发展成果更多更公平地惠及全体人民，朝共同富裕的方向稳步前进。十九届五中全会提出“全体人民共同富裕取得更为明显的实质性进展”。十九届六中全会提出“逐步实现全体人民共同富裕的时代”，在全面建成小康社会的基础上“全体人民共同富裕取得更为明显的实质性进展”，“坚定不移走全体人民共同富裕道路”，我们的奋斗目标是在本世纪中叶建成社会主义现代化强国的时候“全体人民共同富裕基本实现”。思想是行动的先导，每一次关于共同富裕理论的创新都深刻引领了社会的发展变革。第二，共同富裕的理念，在全面建成小康社会以及实现脱贫攻坚之后，日

---

① 中共中央文献编辑委员会编《邓小平文选》第三卷，人民出版社，1993，第 364 页。

益成为社会关注的重点。树立科学的共同富裕观，就是在新发展阶段怎样认知发展的问题。一方面要从实践中总结升华，从人民的切实感受中发挥事实宣传的引导力塑造力，以历时性脉络做好共同富裕观的科学建构；另一方面明晰共同富裕观的顶层设计，加强理论研究，诸如共同富裕的目标体系建设，将 2035 年远景目标规划、“两个一百年”奋斗目标与共同富裕观深度契合，为共同富裕增添价值性内涵。

2. 构筑科学的现代化观，与共同富裕观形成思想合力

走自己的路就要不断摸索具有中国特色的现代化观，这有助于我们在探索现代化道路中坚定立场，它与实现共同富裕的目标是同向同行的。首先，现代化观是以人为中心的现代化，发展为了人民、发展依靠人民、发展成果由人民共享是马克思主义的现代化方案，人民群众的获得感、幸福感、安全感是中国特色现代化建设的根本遵循，现代化是实现全体人民共同富裕的现代化。其次，现代化观内含深厚的历史渊源和文化根脉，中华优秀传统文化渗透在现代化进程的方方面面，这是不能中断的血脉与基因。正是中华优秀传统文化为现代化注入了灵魂，中国的共同富裕道路才具有中国特色。再次，现代化观是系统的整体的现代化，涉及经济、政治、文化、社会、生态；工业、农业、服务业；城市、农村等各方面，现代化是集大成的社会发展过程，牵一发而动全身。对现代化的内涵认识越深入，越贴合中国特色社会主义建设的实际，越能以这种客观规律指导我国的社会主义现代化建设，实现高质量发展的共同富裕。

3. 发掘民族精神和时代精神的文化潜质，为实现共同富裕营造和谐向上的社会思想氛围

民族精神是在中华民族的历史发展中不断积淀起来的共同特质，时代精神反映一个时代的精神风貌和理性程度，是每一个时代普遍的精神实质，这两者都是中国精神的重要组成部分，是我国实现共同富裕的精神脊梁。一是构筑党的精神谱系，筑牢中华民族共同体意识。革命与社会主义建设时期有五四精神、长征精神、延安精神、抗战精神、红旗渠精神，新时期有伟大建党精神、抗疫精神，等等。要系统化推进中华民族的精神谱系研究，发挥民族精神的历史价值和新时代的意义，增强中国特色现代化事业的文化自信，筑牢共同富裕的精神共同体意识。二是加强中华历史研究、民族文化研究成果的传播和推介，增添共同富裕的文化底蕴。诸如敦

煌文化、三星堆文化蕴含丰富的精神给养，通过讲清楚中华文化的起源、发展脉络和灿烂成就，凝聚人们同心奋斗的思想共识。要转变发展思路，将传统文化与现代化技术手段结合起来，推动传统文化内涵式发展，打造具有中国文化特征的精神共同富裕。三是引导宗教与推进共同富裕事业相适应。宗教问题关涉民族团结和社会稳定，坚持党的宗教工作基本方针，坚持独立自主自办原则，尊重各民族的宗教信仰自由，做好宗教事务管理，整合历史资源和力量，提升宗教问题的研究水平和创新能力，提升宗教信众对中国特色社会主义现代化事业和共同富裕的认同感和参与力，实现各民族团结奋斗、交流交融。四是推行和合文化，构建人类命运共同体，促进产生共同富裕的国际溢出效应。面临国际社会的复杂局面，在处理国际关系时，将“和”文化与“和”智慧作为国际关系的准则，把握时代精神的生成逻辑，在中国参与建构全球治理体系、国际社会新秩序的过程中始终坚持互利共赢、不搞零和博弈，反对霸权主义和强权政治，打造人类命运共同体，让中国共同富裕的思想惠及更广泛的世界人民。

4. 发挥道德制衡的力量，增强共同富裕的社会心理约束力。一是为慈善事业的道德绑架行为松绑，保持共同富裕中慈善行为的自愿性质

随着共同富裕举措的逐步深入，第三次分配作为初次分配和再分配的补充手段日益提高到重要的位置，第三次分配在市场调节和政府调节之外，依靠道德、社会风俗习惯、文化传统的力量促进社会财富的社会流动。社会力量无疑为实现共同富裕增添了强劲的动力，对于慈善行为，劫富济贫、杀富济贫是一种短视行为，要加强慈善行为的伦理学、社会学、心理学研究，强化行为引导的方式方法，让高财富群体自愿作贡献，辅以财税制度的优惠，实现慈善事业的良性循环。二是平衡社会分化的落差感，弥合共同富裕的思想张力。促进共同富裕就是消解社会贫富分化，如今社会阶层的差距在互联网的传播下有被夸大的成分，不利于形成共同奋斗的社会心理。为此，党和国家的新媒体部门要及时宣传共同富裕的实质性进展情况，包括落后地区的改善情况、普通群众的励志奋斗故事等，弘扬正能量，严格公示贪污腐败等分化行为，推出系列宣传片，比如《零容忍》等，从社会改变中引导人民的思想动态，将社会思想的张力化为合力，为共同富裕打牢社会心理基础。三是直面批驳不良社会思潮，稳定共同富裕发展大局。纷繁复杂的社会实践必然伴随形形色色的社会思潮，如

逆全球化、民粹主义、消费主义等层出不穷，稳定团结奋斗的基础需要加强宣传媒介的管控，主流阵地的有力发声和回击，廓清不良社会思潮的影响；同时也要对错误社会思潮的长期性和复杂性有充分预估，坚持顺势而为，消除杂音。

## 三、增强民主法治和公平正义，形塑共同富裕的法治思维

增强民主法治和公平正义既是现代化建设的发展要求，也是实现共同富裕的必然选择。从观念建构层面，提升民主法治和公平正义理念的影响力，增强社会主义核心价值体系的信念感和认同感，为中国特色社会主义共同富裕事业发展凝聚广泛共识。从实践运行层面，发展全过程民主，将党性和人民性有机结合，提升社会主义新型民主政治的广泛性和整体性，让法治成为共同富裕的鲜明底色。

### 1. 深度培育民主、法治、公平、正义的思维方式，提升现代化公民意识，提升对共同富裕的理性思维水平

民主与法治是现代社会运行的良好基础，中国特色的现代民主理念与资本主义虚假的民主观念存在本质差别，我国民主思想强调以人民为中心，从民主思想到民主集中制的制度设计始终贯彻人民民主的理念。一是民主思维的深度培育要善于抓住社会热点问题进行理论鉴别，分清真实的民主与虚假的民主之间的根本差异，做好中国现代民主制度优越性的宣传工作。二是法治思维强调对法律的认同、尊重、信仰，习近平新时代法治思想是社会主义法治精神的集中体现，法治思想的深度培育要在立法、执法、司法的过程中始终坚守人民立场，让人民真正感受到公平正义，发挥法治实践的公信力，使人民产生法治认同和真诚信仰，自觉学法用法守法，实现人治思维向法治思维的转变，树立实现共同富裕的法治权威。

### 2. 发展全过程民主，在提升社会主义民主政治水平的过程中促进共同富裕

发展全过程民主，坚持民主选举、民主决策、民主协商、民主管理、民主监督协调配合。一是推进民主选举更具代表性，深化人大代表密切联系群众制度，保障群众对于实现共同富裕的利益诉求能够得到真实的反馈。二是增强民主决策多样性，不断拓宽民主渠道，通过听证会、咨询

会、论证会、评议会等方式和网络等信息化载体畅通政府与民意沟通，多途径行使群众参与权、建议权，表达对实现共同富裕的愿景。三是推进民主协商常态化，一方面围绕党和国家大政方针开展政治协商、政党协商、人大协商，一方面围绕具体事项开展立法协商、政策咨询等，由协商达成共识，画好民心民意同心圆，从协商层面广纳共同富裕的建议。四是推进民主管理落实落细，将全过程民主延伸至乡村社区等基层治理组织和企事业管理中，共同富裕的路上不落下每一个人的声音与期待。五是发挥民主监督的有力反馈作用，让信访、评议、新闻舆论等监督方式深入日常生活，做到对共同富裕的各项事业都有反馈、有回音、有落地。

3.深入推进现代法律规范、实施、监督体系建构，增进实现共同富裕的民生福祉

在法律体系基本建成的“后法律体系时代”，一是注重执法、司法、守法的协同发力，坚持立法与法律实施的对应性与协调性，通过推行政府权力清单、健全依法决策、建立健全行政裁量权基准等制度设计，保证政府严格规范公正执法，完善司法权力运行和追责制度保证公正司法，将法治教育纳入国民教育体系，推进基本公共法律服务体系建设，推进共同富裕的全民守法社会氛围建设。二是增强公民对现代法律的使用度，及时维护自身合法权利及权益，营造共同富裕的法治氛围。目前我国公民权利意识觉醒程度较大，但法律维权理性不足，要增强对基本法律常识的引导、普及力度。目前我国公民对公权力机关的诉求增多，而对其信任、配合与支持能力不足，公权力机关要放下姿态走到民众中，主动收集建议，关注民众的诉求。目前存在民众对依法治国方略的抽象认同与实际生活中人情、关系的情感认同的矛盾，改善这一问题要有长期性预估，通过及时的举案说法逐渐改观、逐渐引导。在引导、调节人们对法治关系的认知和运用的基础上，从法理层面促进精神共同富裕高质量发展。

## 第四节　推动社会全面进步是实现共同富裕的康庄大道

人民对社会民生领域各项制度和措施的反应最为灵敏，对社会环境的改善与进步的感受更为直接，建设社会主义的社会文明、生态文明与推动人的现代化结合起来，创建更加平等、自由的社会环境，让人们从社会全

面进步中进一步感受共同富裕的实质性进展。

## 一、推进社会治理体系和治理能力现代化，发展以人民为中心的共同富裕

实现全体人民共同富裕在推进社会主义现代化国家新征程上具有举足轻重的地位，我国的现代化不仅注重高质量发展，更加要求平衡效率与公平的关系，尤其是更加注重全体人民共享改革发展的成果，共享公平红利。全体人民共同富裕不会通过“削平”先富起来的群体，而是通过补齐社会发展的“短板”来充实共同富裕的框架。作为推进公平的有力举措，在充分考量财政承担能力的基础上，坚持以人民为中心的发展思想，创新中国特色的社会治理模式，实现人人有责、人人尽责、人人享有的社会治理共同体。建设更高水平的社会治理共同体，要立足公共领域，建构科学合理的公共政策体系，推进基本公共服务均等化，深化政府购买服务项目，完善公共基础设施，巩固脱贫攻坚成果，建设更加普惠公平、高质量的共享型社会。

1. 建构养老治理共同体，让老年人共享社会发展的优质养老服务

社会养老问题不断提上议程，在养老领域，我国实施积极应对人口老龄化的国家战略，社会养老的标准体系和衔接制衡机制正在稳步形成。推进养老现代化，要注重从以下方面入手。一是以居家养老为轴心，发挥社区养老的融入性和参与性。养老涉及的问题方方面面，既细致又繁杂，要充分依托基层组织，在社区设置养老专员的岗位，给予相应的编制和待遇，将养老事业规范化。通过制度创新，实现养老流程的网格化管理，多层次、全过程、广覆盖进行养老体系的顶层设计。二是建设 15 分钟社区生活圈，规划线上线下养老一体化平台。发动群众、社区居民积极参与养老志愿服务，注重养老的现场服务与入户服务，为老年人提供衣食住行医用等生活便利；发挥智慧养老优势，利用互联网和大数据平台，建设养老账户和数据库，实行建档立卡电子化，将信息化成果应用于社区基础设施的实体化建设，切实惠及老年人生活；倡导互助式养老，满足老年人的精神文化社交需求，让老年人更有尊严地生活，发挥老有所为的价值适用性，让有能力的老年人发挥自身能力，参与社区公益活动，在提供服务中

收获一定的价值回报，体现老年人的价值。三是建构“大养老”理念，调动企业运营与社会参与的力量，推动养老事业和养老产业系统发展。挖掘银发经济新动能，鼓励适老化改造项目，创新养老模式，扩展养老的社会发展空间。四是将养老嵌入乡村治理体系。充分利用新农村建设的存量资源，让居于乡村的老年人同享乡村振兴的现代化成果。

2. 扎实推进医保制度整合创新，保障人民共享基本医疗卫生权益

疾病是每个人都有可能面临的基本风险，基本医疗保障制度是我国推进共同富裕的一项重要抓手。一是推进医保信息全国联网。尽快打破医疗与户籍的关联度，让流动群体可以即时享受医保照拂，优化大一统的整体医保体系设计。注重社保资金管理方式和运行效率，实现专款专用。二是着重提升农村医保的保障水平。协调医保的城乡人群分设问题，确保全覆盖的同时分层次设置不同的保障水平，尤其向农村低收入群体、城市相对贫困群体倾斜，调用大数据交叉验证信息，梳理纳税、扶贫、社保等缴纳记录，检索定位隐形贫困群体，发挥再分配的积极效应，让城乡居民享受更充分的权益公平。三是推进医保与商保协调发展，互为补充。规范商保业务的操作流程，强化网上投保透明化，让消费者在核保理赔方面更方便快捷。鼓励居民自愿自费参与商业保险，发展社会补充性医疗保障事业，推动医疗领域的制度转型和国民健康的普惠发展。

3. 深入推进住房市场体系和住房保障体系治理模式，保障人民住房刚需

住房作为人民生活中最重要的大宗商品，是家庭财富中的主要资产，住房问题也是解决共同富裕的痛点和难点。共同富裕接力全面小康的现代化征程中，住房状况的改善是提升人民获得感、幸福感时要高度关注的问题，通过满足人民基本住房需求，降低居住成本，发挥住房保民生、调差距的治理效能。一是推动房地产行业市场化改革，保障人民基本生活。面向市场、面向共同富裕，创新住房新模式，满足居民多样化住房需求。完善长租房政策，保障性租赁住房供给要充足，为高校毕业生、进城农民工、年轻人等新市民群体提供价格成本低、稳定性好、宜居性好的商品房供应，让这部分人从住房焦虑中解放出来，实现消费结构的升级，迈入中等收入群体。二是改善城乡居民的居住条件。重视老旧小区改造，对水电气暖等基础设施进行升级，完善周边配套设施，不做面子工程，以“适老

化”为改造方向为养老服务提供支撑，创建整洁便利的居住环境。三是推进房地产税改革。积极推进房地产税、遗产税立法，调节财富分配、抑制房地产市场投机性炒房，严防房地产的资本红利阻隔社会阶层自由流动，促进共同富裕。

4. 协调就业总量矛盾与结构矛盾，实现更高质量的就业

《“十四五”就业促进规划》强调，要实现更高质量的就业，通过高质量发展提升经济对就业增长的吸纳能力，增加就业弹性。一是发展多层次教育，优化就业结构，提高劳动者就业素质。区分人才培养层次，培养不同行业的就业从业人员，向社会进行有效输出，提高劳动者技能素质；培育正确的就业观念，避免因精英情结影响个人就业倾向。二是挖掘就业新动能，扩大就业容量。利用数字经济、平台经济等网络新业态，提升实体经济的发展空间，转移产业过剩劳动力，安置灵活就业人员；鼓励以创业带动就业，以技术创新提供更广阔的就业资源。三是完善重点群体就业支持体系，防范规模性失业。注重农村劳动力群体、城市低收入群体、刚脱贫群体以及隐形失业群体，在城镇化过程中为他们提供更多就业岗位和就业机会。四是推进人力资源市场体系建设。畅通人才社会流动渠道，完善劳动保障、人才保障的法规和政策，完善劳动权益和工伤保险系统，完善就业援助体系，在提升就业质量中促进共同富裕。

5. 创建完备的国家安全体系，建设平安中国，为共同富裕筑牢安全屏障

新时代面临重要战略机遇期，一是加强国家安全。要以总体国家安全观为指导，统筹传统安全和非传统安全、经济因素和非经济因素，完善安全领导体系和运行机制，发挥立法、制度、政策的集成联动效应，提升关涉国家安全的关键领域可控能力、抗冲击能力、风险预警能力，走出一条中国特色的国家安全之路。二是增强社会治安保障。把社会安定有序、人民安居乐业作为社会安全的基本目标，在社会治安方面，严惩打击扰乱社会秩序的不法分子，清除黑恶势力和各种社会毒瘤的恶劣影响，营造和谐的社会氛围；在交通安全方面，规范交通运输秩序和交通安全法则，普及交通知识，提高社会保险的社会保障职能。三是强化生活、生产安全。有效规避意外伤害对人民生命财产造成的伤害。完善防汛救灾、意外伤害的预案体系、应急体系，多层次增强人民抗风险的可负担能力，让安全生产和安全生活成为共同富裕的底色。

## 二、释放人口潜力，在人口现代化中推进共同富裕高质量发展

我国是人口大国，经济社会的发展在很大程度上曾依赖于人口红利并取得了显著的发展优势，随着人口转型时代的到来，我国的人口发展进入低速增长阶段，人口质量提升效果明显，但人口结构出现前所未有的局面，老龄化和少子化问题突出，存在未富先老的发展隐忧。要突破人口结构的限制，高质量推进人口现代化。

1. 创新户籍管理制度，打破户籍对个人发展的限制，增强社会包容性

户籍改革牵一发而动全身，关涉养老、医疗、教育、房产等社会公共服务的供给和个人发展的社会资源。新的发展阶段，户籍改革的顶层设计面临局面复杂、利益关涉多方等艰深问题。一是各区域要分层次将户口同附带的政策福利优惠实现脱钩。我国户籍政策改革由来已久，随着改革开放的深入和城镇化的发展，户口对于个人发展越来越具有一种先天优势，城乡户籍二元结构的鸿沟和差距逐渐拉大。要将户口与各种公共服务、社会福利等人为优势相剥离，保留户籍的人口登记功能。让户口仅负载家庭及个人身份证明的职责，设立试点城市，探索可推广的脱钩模式，打破户口捆绑的各项权限。二是创新户口的流动管理政策。完善户籍管理的顶层设计，加强区域和城市的对接与协调，对户口迁移实行科学的流动政策，创新户口管理的方式，探索一、二线城市积分落户政策，推动三、四线城镇居民新市民化。三是发挥户口管理所承担的社会安全与秩序监管职能。通过户口有序进行社会管理，促进社会安定。

2. 深化国家人口老龄化发展战略和国家人口中长期发展战略，鼓励三孩配套政策落地生根，为促进共同富裕提供充沛的劳动力资源

刘易斯拐点是现代化转型过程中出现的劳动力由过剩向短缺转变的现象，这一现象的出现往往是人口红利消失的前兆，也体现着经济社会转型发展的必然趋势。探究这一趋势的历史成因不难发现，这是人类社会发展的人口逻辑，顺应这一趋势，我们要着力解决人口老龄化和少子化的难题，抵御未来发展的人口风险，将人口红利转化为人才红利。一是充分调动老年人活力，提升人力资本使用效率。发展老年教育事业，一方面让老

年人学习新技能，开展终身职业技能培训，可侧重养老和健康服务领域的开发培训；另一方面让有能力的老年人和退休人员在职业指导等领域发挥余热，给年轻人提供社会指导。二是鼓励生育，从根本上增加劳动力的有效供给。加快构建生育支撑体系，使普通民众生得起也养得起。出台并完善婚嫁、生育、养育、教育、住房等资源供给为一体的配套政策体系，制定一定的奖励扶持制度，给予政策优惠和税费征收优惠，激发育龄夫妻的生育意愿，培育良好的婚恋观和生育观，保障女性合法权益，完善政府主导的、社会广泛参与的扶助关怀工作机制，提高优生优育服务水平，让均衡生育的政策真正落地。三是适应家庭小型化的发展趋势，挖掘新的消费潜力。社会人口结构发展的一个新趋势便是一人户和两人户增多，一人户即单身成年人，两人户即老年夫妻家庭。要通过公共制度的安排增加资源共享性的商品和服务，减少这部分人的生存负担。同时，引导家庭合理分配自身财富资源，预留一定的养老财富储备。

3. 畅通人口流动的渠道和方式，创新“橄榄型”人口结构的达成模式

一是打破社会地位和职业的固化，促进社会融合。当前我国人口结构不够合理，社会阶层缺乏流动性，人力资源存在结构性困局。要出台政策鼓励大比例常态化异地迁移，完善开放性流动人口管理机制，完善社会公共服务，降低流动人口的生存负担；改革人事制度，创新劳动用工政策，为流动人口提供发展机会，注重能力和业绩导向，鼓励个人奋斗。二是依据人口承载量，规划国土开发格局，加强人口流动管理服务。当前我国的人口流动特征，从流向上看，人口持续向沿江、沿海地区和内地主要城市集聚，长三角、珠三角、成渝城市群等主要城市群的人口增长迅速，集聚度加大。要在整体上统筹区域人口发展规划，通过产业效应使东部有序接纳流动人口；推进新型城镇化建设，偏远地区产业园、生态园建设，发展特色旅游业等产业，抓住地域转型发展的新机遇吸纳更多人口。

## 三、创建绿色生活环境，共筑共同富裕的美好社会生活

绿色发展作为传统发展的一种模式创新，将环境资源作为社会发展的内在因素，着力于转变经济发展方式、提升生活环境和生活方式的质量、创新环境治理和保护的对策，进而实现经济、社会的可持续发展，满足人

们对美好生活的需要，促进更高质量的共同富裕。

1. 构建绿色生产方式，打造健康生存空间，推进高质量共同富裕

经济发展方式的转变要将生态环境容量和资源环境承载力作为重要的考量因素，通过改善经济结构真正把绿色经济、低碳经济、循环经济落实到位，在经济高质量转型中促进生存质量的转向，让人们共享美好健康的生活空间。一是立足地域特色，探索立体生态种植养殖产业，保护山区人们的绿色生产和生活空间。依托平原地区、山地丘陵地区的不同特色，充分运用群落空间结构，进行具体化的立体设计，定位立体产业的形态。把生态农业与乡村振兴战略结合起来，提高物产转化率和利用率，发展高产、优质、高效的现代农业，综合考虑经济效益、社会效益、生态效益，提供更加丰富的优质生态产品。让特色地区的人们在绿水田园中既有经济收入的提升，又继续享有绿色的生存空间。二是完善碳排放交易和碳税市场，促进更加健康的共同富裕。要扩大碳排放市场，完善碳税，由市场定价进行碳交易。目前市场的碳交易配额在供给侧，各类发电企业拥有配额。要探索将碳配额发放给普通居民，一方面增加居民的碳配额收入，共享绿色溢价补贴；另一方面提升消费侧能源合理利用的意识，实现碳达峰碳中和的同时共同营造绿色的生存空间。三是培育低碳产业，提升城市的绿色生存质量。绿色工业革命的趋势是不可逆转的历史大势，我们乘势而上以研发与攻关，财政、税收支撑与政策激励推动资源综合利用，建设完备的循环回收体系，提升再生资源的获取能力，发展绿色惠民的节能服务业，在全球化和国际竞争中力争占据优先位置。四是挖掘新能源潜力。太阳能、风能、潮汐能以及生物质能等都属于清洁能源，未来发展要将支撑重点向清洁能源转移，培育绿色的生产方式，打造洁净的生活空间，让人们共享更加美好的生活。

2. 倡导绿色发展的生活方式，优化生活环境和生活质量，满足人们的美好生活需要

营造绿色社会生态和构建生态文明要以人与环境的和谐为价值取向。一是倡导绿色生活方式。绿色生活每个人都触手可及，在全社会倡导绿色出行、倡导绿色消费购买低碳产品、循环利用废旧物、开展光盘行动，鼓励人们创新绿色生活的方式方法，利用兑换券、积分制等途径助力绿色生活方式的转变，共同营造绿色健康的生活氛围。二是调整空间结构，以绿

色发展优化城市布局规划。对于老城区改造，要增添绿色空间；对于新城的规划，要将城市规模与环境承载力结合，将生态资源有效融入城市空间布局，提升宜居性和整体形象，发展绿色友好型现代城市。三是树立绿色共识，营造绿色的社会风尚。积极增加宣传力度，提升人民的整体环境道德水平。从各类教育窗口推动普及资源环境国情和生态价值观教育，做好环境意识和绿色社会共识的培育，构筑绿色自觉。每年的绿色发展指数年度报告等资料，为我们核定绿色成绩和作出下一步规划提供了参考，也为引导绿色社会风尚提供了支撑，要增强绿色发展的研究，从顶层设计层面推动绿色社会的建设，促进共同富裕事业更健康地发展。

3. 开展环境综合治理和保护，打造共同富裕的绿色社会共同体

既保有绿水青山的颜值，又创造金山银山的价值。一是树立环境生命共同体理念。坚持以人为本，探索山水林田湖草系统共治新模式。二是推进国有林场改革。控制采伐量，完善森林、草场防火系统，建设集防火、瞭望、资源管护为一体的机制，在保护的基础上综合开发特色旅游资源，增加基础设施长效投入，解决林场的住宅、交通等问题，增强发展活力，筑牢共同富裕的生态安全屏障。三是加强林业科研，推动共同富裕绿色事业发展。我国人工林面积居世界第一位，这是多年来林场建设的有效成果，要在这一基础上建设完备的人防、物防、技防相结合的一体化林场管护体系，增强森林碳汇作用，保护生态多样性。四是完善生态环境保护制度，加强环境监测反馈。环境治理是系统工程，制度设计要充分发挥自然的力量和优势，注重自然界本身的恢复能力。加强追责力度，增进多部门的协同效应；完善环境检测和评价制度，为科学决策和有效评估提供依据；创新环境公益诉讼制度，为生态补偿和生态环境损害赔偿确定标准，可以实物、技术、项目等多元方式为生态补偿提供更多的社会参与。以制度建设支撑美丽中国的发展，在积极推进资源节约型、环境友好型社会的同时，为全球提供公共产品，稳定全球气候变化，推动全球绿色转型发展，让绿色成为共同富裕的靓丽底色。

## 四、重视人的现代化，在推进健康中国战略中实现共同富裕

《共产党宣言》中指出："代替那存在着阶级和阶级对立的资产阶级旧

社会的，将是这样一个联合体，在那里，每个人的自由发展是一切人的自由发展的条件。”① 人的现代化是共同富裕的更高层次的要求，人的现代化层次丰富，包括主体意识和主体能力的现代化。主体意识的现代化强调人的观念、思想、个性、能力、素质、思维方式、心理特征等由传统人格向现代人格的转变；主体能力的现代化包括个人与他人的实践关系的现代化，强调人际关系、社会关系、劳动技能、行为方式等由传统交往方式向现代交往方式的转型。人的进步和发展是现代化的实现过程，人的自由全面发展是共同富裕追求的价值目标。

1. 培育健全的人格，增强与经济共同富裕相匹配的人的精神能力

习近平总书记在《之江新语》一书中曾指出：“人，本质上就是文化的人，而不是‘物化’的人；是能动的、全面的人，而不是僵化的、‘单向度’的人。”② 主体丰富性的彰显要依靠经济的长足发展，但环境对人的塑造功能也具有独特的价值。一是培育理性思维。充分调动社会、家庭、学校等各类组织，关注人的情绪状态和理性能力，培育与现代化相适应的较高的信息素养、伦理自觉、科学素养，形成独立的人格和自知。二是增强自我调适能力。充分利用新媒体网络，营造社会舆论，塑造理性人格的形象，鼓励人们适应时代变革与发展的快节奏生活，增强与外界环境融合发展的能力。三是提升心理健康水平。培育理性平和的心理状态，针对抑郁症等心理疾病，加强社会义诊，将类似的心理状况诊断与治疗纳入医保，作为基本医疗保障的一部分，提高社会接纳度和关怀度，让人们拥有更高质量的生活状态。

2. 培育主体交往能力，提升人们对共同富裕的共建共享能力

人的现代化要充分展现个人的独立性和个性，同时人又是综合素质的统一体，伴随人的需要的现代化，以及职业现代化和组织现代化，全面发展的现实的人要建构起现代性的交往关系。一是培育开放理念，提升共同富裕的包容性内涵。在素质教育阶段培育学生的发散性思维，营造健康自由的交往环境，提升德育工作者的个人素养；营造具有发展性的社会交往氛围和舆论空间，加强社会舆论引导，提升人们对变化的接受度，对社会

① 中共中央马克思恩格斯列宁斯大林著作编译局编《马克思恩格斯文集》第二卷，人民出版社，2009，第 53 页。

② 习近平：《之江新语》，浙江人民出版社，2007，第 150 页。

公共事务的关注度和参与度，进而增进对社会公共福利的享有程度。二是创新社会自治模式，营造包容性强的社会交往环境。鼓励新市民全面融入城市的社会生活，打破群体内交往偏见，开展更广泛的群际交往，以平等、包容的社会态度参与社会治理，共享共同富裕的成果。三是增强协调虚拟和现实之间冲突的能力。发动社会团体，广泛组织各类线下交往活动，提升人们参与的自觉性和能动性，发展异质性社会交往关系，为共同富裕构筑健康的社会秩序。

3. 提高人民健康水平，打造共同富裕的健康基础

健康是幸福生活的基础，实现全体人民共同富裕需要持续深化国民健康政策与服务事业，发展健康产业，推动健康中国战略和全民全生命周期人力资本提升战略。一是持续改善人民健康状况。以预防为主，加快医药卫生体制改革，保障人民的基本医疗卫生服务的公平性、可及性；建立重大疾病防控救助体系，形成保障全民全生命周期的健康中国覆盖网。二是完善应急处置预案和健康管理措施。面临国际国内疫情防控常态化趋势，要筑牢安全防线，将精准防控与常态防控有机结合。三是培养人民健身意识和健身习惯。兴建一批体育锻炼的场地、设施，加大健身事业的投入力度，增强人民身体免疫机能，共建共享健康中国。

共同富裕不仅是经济问题，而且是政治问题，要坚持党的集中统一领导，坚持系统性推进现代化建设，不断满足人民美好生活的需要，推动人的全面发展和人的本质复归，推动共同富裕取得更为明显的实质性进展，促进我国向社会主义社会的中高级阶段迈进，促进社会发展的阶段性质变和社会主义现代化强国目标的实现。

# 参考文献

## 一、经典著作


[1] 中共中央马克思恩格斯列宁斯大林著作编译局 . 马克思恩格斯全集（第一版、第二版）[M]. 北京：人民出版社，2006.

[2] 中共中央马克思恩格斯列宁斯大林著作编译局 . 马克思恩格斯文集（第一至十卷）[M]. 北京：人民出版社，2009.

[3] 中共中央马克思恩格斯列宁斯大林著作编译局 . 马克思恩格斯选集（第一至四卷）[M]. 北京：人民出版社，2012.

[4] 中共中央马克思恩格斯列宁斯大林著作编译局 . 列宁选集（第四卷）[M]. 北京：人民出版社，2012.

[5] 中共中央文献研究室 . 毛泽东文集（第七卷）[M]. 北京：人民出版社，1999.

[6] 中共中央文献编辑委员会 . 邓小平文选（第二、三卷）[M]. 北京：人民出版社，1994，1993.

[7] 中共中央文献研究室，中国外文局 . 习近平谈治国理政（第一至三卷）[M]. 北京：外文出版社，2014，2017，2020.

[8] 中共中央文献研究室 . 习近平关于全面建成小康社会论述摘编 [M]. 北京：中央文献出版社，2016.

[9] 中共中央文献研究室 . 习近平关于全面深化改革论述摘编 [M]. 北京：中央文献出版社，2014.

[10] 中共中央国务院关于支持浙江高质量发展建设共同富裕示范区的意见 [M]. 北京：人民出版社，2021.


## 二、学术专著


[1] 张建刚 . 新的历史条件下共同富裕实现路径研究 [M]. 北京：中国社会科学出版社，2018.

[2] 陈宗胜 . 中国居民收入分配通论：由贫穷迈向共同富裕的中国道路与经验——三论发展与改革中的收入差别变动 [M]. 上海：格致出版社，2018.

[3] 贾可卿 . 共同富裕与分配正义 [M]. 北京：人民出版社，2018.

[4] 孙居涛 . 制度创新与共同富裕 [M]. 北京：人民出版社，2007.

[5] 周弘 . 促进共同富裕的国际比较 [M]. 北京：中国社会科学出版社，2021.

[6] 沙烨 . 跨越财富鸿沟：通往共同富裕之路 [M]. 北京：当代世界出版社，2021.

[7] 王琳 . 共同富裕的探索：中国特色反贫困理论与实践 [M]. 北京：光明日报出版社，2021.

[8] 周建明 . 共享发展共同富裕 [M]. 上海：上海人民出版社，2016.

[9] 崔友平 . 共同富裕之路：巩固和完善农村基本经营制度 [M]. 郑州：中原农民出版社，2019.

[10] 史瑞杰，韩志明 . 面向公平正义和共同富裕的政府再分配责任研究 [M]. 北京：中国社会科学出版社，2021.

[11] 黄奇帆 . 共同富裕：科学内涵与实现路径 [M]. 北京：中信出版社，2021.

[12] 余丽生 . 共同富裕：浙江实践的典型案例 [M]. 北京：经济科学出版社，2021.

[13] 刘灿，王朝明，李萍，等 . 中国特色社会主义收入分配制度研究 [M]. 北京：经济科学出版社，2017.

[14] 宋晓梧，王天夫，李实，等 . 不平等挑战中国：收入分配的思考与讨论 [M]. 北京：社会科学文献出版社，2013.

[15] 朱光磊 . 中国的贫富差距及政府控制 [M]. 上海：上海三联书店，2002.

[16] 万海远，李实，孟凡强，等 . 中国税收制度的收入分配效应 [M]. 北京：社会科学文献出版社，2018.

[17] 贾康 . 深化收入分配制度改革研究 [M]. 北京：企业管理出版社，2018.

[18] 杨文森 . 共同富裕：理论、实践与挑战 [M]. 北京：社会科学文献出版

社，2013.
[19] 罗荣渠 . 现代化新论：世界与中国的现代化进程 [M]. 北京：商务印书馆，2004.
[20] 钱乘旦 . 世界现代化历程 [M]. 南京：江苏人民出版社，2010.
[21] 邓智平 . 现代化十讲 [M]. 武汉：华中科技大学出版社，2019.
[22] 徐平 . 伟大的事实：世界现代化进程中的中国现代化发展 [M]. 北京：人民出版社，2021.
[23] 颜景高 . 现代化的“中国特色”探析 [M]. 北京：中国社会科学出版社，2020.
[24] 何传启 . 东方复兴：现代化的三条道路 [M]. 北京：商务印书馆，2003.
[25] 吴忠民 . 中国现代化论 [M]. 北京：商务印书馆，2019.
[26] 何建华：分配正义论 [M]. 北京：人民出版社，2007.
[27] 高书生：分配系统论 [M]. 北京：中国经济出版社，1992.
[28] 阿玛蒂亚・森 . 饥饿与贫穷 [M]. 北京：商务印书馆，2001
[29] 托马斯・皮凯蒂 . 21 世纪资本论 [M]. 北京：中信出版社，2014.
[30] 阿比吉特・班纳吉，埃斯特・迪弗洛 . 贫穷的本质 [M]. 北京：中信出版社，2018.
[31] 沃尔夫冈・查普夫 . 现代化与社会转型 [M]. 北京：社会科学文献出版社，1998.

## 三、期刊论文

[1] 习近平 . 扎实推动共同富裕 [J]. 求是，2021（20）：4-8.
[2] 习近平 . 把握新发展阶段，贯彻新发展理念，构建新发展格局 [J]. 求是，2021（9）：4-18.
[3] 陆卫明，王子宜 . 新时代习近平关于共同富裕的重要论述及其时代价值 [J]. 北京工业大学学报（社会科学版），2021（12）：1-17.
[4] 杨文圣，李旭东 . 共有、共建、共享：共同富裕的本质内涵 [J]. 西安交通大学学报（社会科学版），2022（1）：10-16.
[5] 杨文圣，朱叶 . 论认识和把握实现共同富裕的目标和路径 [J]. 学术界，

2022（3）：101-110.
[6] 吴文新，程恩富 . 新时代的共同富裕：实现的前提与四维逻辑 [J]. 上海经济研究，2021（11）：5-19.
[7] 张远新 . 中国共产党对共同富裕的百年追求 [J]. 人民论坛，2021（32）：38-43.
[8] 韩喜平，刘岩 . 实现以共同富裕为导向的高质量发展 [J]. 山东社会科学，2022（3）：5-10.
[9] 袁银传，高君 . 习近平关于共同富裕重要论述的历史背景、科学内涵和时代价值 [J]. 思想理论教育，2021（11）：33-39.
[10] 武建奇 . 中国特色共同富裕理论的新境界 [J]. 河北经贸大学学报，2021，42（6）：8-15.
[11] 张雷声 . 新时代中国共产党共同富裕思想的伟大创新 [J]. 当代世界与社会主义，2021（5）：39-45.
[12] 谢地，武晓岚 . 以实现共同富裕为目标探索合理的收入分配制度——建党百年收入分配理论演进与实践轨迹 [J]. 学习与探索，2021（10）：88-96.
[13] 吴海江 . 三种分配方式协调联动是实现共同富裕的关键 [J]. 人民论坛，2021（28）：21-23.
[14] 邱海平 . 新时代推进共同富裕须处理好若干重大关系 [J]. 人民论坛，2021（28）：28-30.
[15] 程恩富，张建刚 . 坚持公有制经济为主体与促进共同富裕 [J]. 求是学刊，2013，40（1）：62-67.
[16] 逄锦聚 . 中国共产党带领人民为共同富裕百年奋斗的理论与实践 [J]. 经济学动态，2021（5）：8-16.
[17] 田克勤，张林 . 中国共产党为实现全体人民共同富裕的百年奋斗 [J]. 思想理论教育导刊，2021（6）：35-43.
[18] 卫兴华，张宇 . 关于坚定走共同富裕的道路的对话——兼析效率与公平关系上的不同观点 [J]. 毛泽东邓小平理论研究，2013（6）：1-6.
[19] 徐传谌，何彬，艾德洲 . 逐步实现共同富裕必须发展和壮大国有经济 [J]. 马克思主义研究，2014（9）：51-61，160.
[20] 魏杰，施成杰 .“市场决定论”与混合所有制经济——什么样的产权

安排能够促进共同富裕 [J]. 社会科学辑刊，2014（4）：95-101.
[21] 杨承训，李怡静 . 共享发展：消除两极分化，实现共同富裕——新常态下优化公有制经济“主体”功能探析 [J]. 思想理论教育导刊，2016（3）：58-64.
[22] 杨文圣，李旭东 . 中国共产党百年现代化思想的演进与启示 [J]. 天府新论，2021（4）：1-10.
[23] 刘凤义 . 中国经济学如何研究共享发展 [J]. 改革，2016（8）：146-158.
[24] 杨文圣，朱叶 . 新发展阶段促进全体人民共同富裕路径探究 [J]. 理论探索，2022（2）：97-104.
[25] 周新城 . 研究分配问题必须从生产资料所有制出发——研究分配问题的一个方法论原则 [J]. 当代经济研究，2018（1）：22-27，97.
[26] 陈宗胜 . 试论从普遍贫穷迈向共同富裕的中国道路与经验——改革开放以来分配激励体制改革与收入差别轨迹及分配格局变动 [J]. 南开经济研究，2020（6）：3-22.
[27] 何立峰 . 支持浙江高质量发展建设共同富裕示范区为全国扎实推动共同富裕提供省域范例 [J]. 宏观经济管理，2021（7）：1-3.
[28] 刘培林，钱滔，黄先海，等 . 共同富裕的内涵、实现路径与测度方法 [J]. 管理世界，2021，37（8）：117-129.
[29] 蒋永穆，豆小磊 . 共同富裕思想：演进历程、现实意蕴及路径选择 [J]. 新疆师范大学学报（哲学社会科学版），2021（6）：16-29.
[30] 刘利峰，伍旭中 . 马克思共同富裕理论的立场、特征与逻辑体系 [J]. 改革与战略，2021，37（11）：64-71.
[31] 周新城 . 毫不动摇地坚持中国特色社会主义基本经济制度 [J]. 政治经济学研究，2020（1）：49-58.
[32] 赵学清 . 马克思共同富裕思想探讨 [J]. 中国特色社会主义研究，2014（4）：52-56.
[33] 罗克全，刘秀 . 扬弃以资本为逻辑的私有财产——马克思政治经济学批判的转向 [J]. 晋阳学刊，2018（6）：65-71.
[34] 杨文圣 . 中国共产党对共同富裕的百年夙愿与追求 [J]. 政工学刊，2021（2）：7-8.
[35] 胡莹，郑礼肖 . 十八大以来我国收入分配制度改革的新经验与新成就

[J]. 马克思主义研究，2018（2）：62-71.
[36] 周新城 . 刍议生产资料公有制 [J]. 延安大学学报（社会科学版），2020（1）：29-32.
[37] 丰子义 . 发展中国家现代化进程的矛盾与出路 [J]. 江淮论坛，1998（2）：20-27.
[38] 孙代尧 . 现代化的中国经验与发展前景 [J]. 科学社会主义，2020（4）：4-11.
[39] 陈峰君 . 论现代化发展模式 [J]. 国际政治研究，2000（2）：86-93.
[40] 吴忠民 . 中国式现代化的关键：超越“资本至上陷阱”和“福利过度陷阱”[J]. 探索与争鸣，2022（3）：29-45，177.
[41] 饶旭鹏 . 现代化理论的回顾及对中国的启示 [J]. 中国石油大学学报，2016（4）：66-70.
[42] 满其旺 . 依附理论再认识及其启示意义 [J]. 重庆邮电大学学报，2015（1）：17-22.
[43] 武传鹏，陈璐佳 . 全面建设社会主义现代化国家的基本遵循——习近平国家富强观解读 [J]. 中国延安干部学院学报，2020，13（6）：14-20.
[44] 江时学 . 拉美现代化研究中的若干问题 [J]. 拉丁美洲研究，2011，33（4），14-22.
[45] 郁建兴，任杰 . 共同富裕的理论内涵与政策议程 [J]. 政治学研究，2021（3）：13-25，159-160.
[46] 程恩富，刘伟 . 社会主义共同富裕的理论解读与实践剖析 [J]. 马克思主义研究，2012（6）：41-47，159.
[47] 檀学文 . 走向共同富裕的解决相对贫困思路研究 [J]. 中国农村经济，2020（6）：21-36.
[48] 韩喜平，郝婧智 . 中国式现代化道路的世界意蕴 [J]. 马克思主义理论学科研究，2022，8（2）：102-111.
[49] 邱海平 . 马克思主义关于共同富裕的理论及其现实意义 [J]. 思想理论教育导刊，2016（7）：19-23.
[50] 杨文圣，侯应寿 . 中国共产党百年人民利益观的建构逻辑 [J]. 天津师范大学学报（社会科学版），2021（4）：21-26.
[51] 杨文圣 . 中国共产党百年对马克思主义本质属性的追寻和证成 [J]. 贵

州社会科学，2021（5）：4-11.

## 四、报纸文章

[1] 中共中央关于党的百年奋斗重大成就和历史经验的决议 [N]. 人民日报，2021-11-17（1）.

[2] 切实把新发展理念落到实处 不断增强经济社会发展创新力 [N]. 人民日报，2018-06-15（1）.

[3] 习近平 . 在全国脱贫攻坚总结表彰大会上的讲话 [N]. 人民日报，2021-02-26（2）.

[4] 习近平：关于《中共中央关于制定国民经济和社会发展第十四个五年规划和二〇三五年远景目标的建议》的说明 [N]. 人民日报，2020-11-04（2）.

[5] 完整准确全面贯彻新发展理念 确保“十四五”时期我国发展开好局起好步 [N]. 人民日报，2021-01-30（1）.

[6] 习近平 . 在庆祝中国共产党成立 100 周年大会上的讲话 [N]. 人民日报，2021-07-02（2）.

[7] 吴晶，胡浩 . 坚持中国特色社会主义教育发展道路 培养德智体美劳全面发展的社会主义建设者和接班人 [N]. 人民日报，2018-09-10（1）.

[8] “中华民族迈向伟大复兴的关键一步”——国际社会积极评价中国全面建成小康社会 [N]，人民日报，2021-07-08（3）.

[9] 在高质量发展中促进共同富裕 统筹做好重大金融风险防范化解工作 [N]. 人民日报，2021-08-18（1）.

[10] 决胜全面建成小康社会 夺取新时代中国特色社会主义伟大胜利 [N]. 人民日报，2017-10-19（2）.

# 后　记

共同富裕是中国式现代化的重要特征，实现共同富裕是社会主义现代化的本质要求和重要目标。新发展阶段实现全体人民共同富裕与建设社会主义现代化强国是同一个历史过程。面临这样一个宏大的人类美好生活愿景，社会主义现代化视域下中国共同富裕之路的探索必将开启人类文明的崭新形态。

本书借鉴马克思主义经典作家关于共同富裕理论的研究，批判鉴思西方国家和发展中国家现代化发展的“理”与“路”，扎根中国特色社会主义现代化建设的现实问题，探索社会全面进步的启示，为现代化与共同富裕提供参考与索引。

天津大学社会主义现代化研究中心、天津大学马克思主义学院组织编写本书。各章作者为：第一章，杨文圣（天津大学）；第二章，李旭东（吉林大学）；第三章，杨文圣（天津大学）；第四章，侯应寿（天津大学）；第五章，董鹏林（天津大学）；第六章，朱叶（天津师范大学）。杨文圣拟定全书提纲并统稿。

本书的出版，得到天津大学出版社、天津大学马克思主义学院的支持帮助，在此表示衷心的感谢！

本书的不足之处，恳请各位读者批评指正。

作者

2022 年 5 月